The Biblical Storytelling • 사무엘하 2

정상에서 넘어졌던 사람

그리심

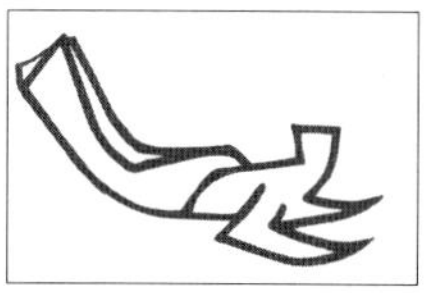

정상에서 넘어졌던 사람

2008년 10월 10일 초판 1쇄 인쇄
2008년 10월 15일 초판 1쇄 발행

저 자 • 조 관 호
발행인 • 조 경 혜
발행처 • 도서출판 그리심
156-763 서울시 동작구 사당동 196 인정 Apt. B-b01

등록번호 • 제 7-258호(1998. 4. 23)
출 판 사 • 전화 523-7589 팩스 523-7590
홈페이지 • http://grisim.biz
전자우편 • grisimcho@hanmail.net

값 : 표지 뒷면

ISBN 978-89-5799-213-5 94230
ISBN 89-5799-157-3 (세트)

정상에서 넘어졌던 사람

조 관 호

서울신학대학과 감리교 신학대학신학대학원,
아세아연합신학대학원에서 공부하고
육군 군목으로 사역하는 동안 전방 부대에서 2년,
군병원에서 3년을 사역했다.
군 제대 후 도미하여 California에 있는
Azusa Pacific University 대학원에서 공부한 후
Kentucky에 소재한 남침례교신학교(The Southern Baptist Theological Seminary)에서
The Biblical Storytelling Bible Study Methodology로
목회학 박사 학위를 받고
현재 LA 근교 은혜로교회(Grace Road Church) 담임 목사로 섬기고 있다.

논문과 저서로는,
논문 : Developing A Biblical Storytelling Bible study Model
For The Sunday School Teachers

저서 : Biblical Storytelling Series
● 은혜로 사는 사람들(룻기) ● 영웅으로 살았던 사람들 1,2(사사기)
● 하나님 나라의 맥을 이어가는 사람들(삼상1) ● 훈련 받는 사람(삼상2)
● 홀로 서는 사람(삼상2) ● 정상으로 올라가는 사람(삼하1)
● 참 예쁜 사람(에스더)
● 성전 건축하는 사람들(에스라 · 학개 · 스가랴)
● 회복을 기다리는 사람들(느헤미야 · 말라기)

저자 이메일 – khmycho@hanmail.net

「사무엘하 2권 이야기」는

정상에 올라간 다윗이 정상에서 떨어졌던 이야기입니다.

그리도 괜찮은 사람 다윗임에도 불구하고
그가 무너졌답니다.
죄 때문에.

올라가는 건 어려운 일입니다만
무너짐은 너무도 파괴적이랍니다.
그렇다고 무너지는 게 간단한 것은 아닙니다.
무너지기까지는 많은 시간들 속에 갈등이 있었답니다.

올라가는 것도 힘듭니다만
무너지지 않도록 지키는 것은 더 중요하고 힘들지요.
그렇기에 무너지지 않도록
정신을 바짝 차려야 하는 거랍니다.

아주 괜찮은 사람 다윗이 무너졌었다면
우린 얼마나 깨어 있어야 하는지
사무엘하 2권, 정상에서 넘어졌던 사람 이야기를 통해
생각해 보았습니다.

사무엘하 2

contents

contents 사무엘하 2

4 네 번째 이야기(삼하 13-14장) ·

무너지는 가정

비블리컬 스토리텔링

The Biblical Storytelling에 대해...

Ⅰ. Biblical Storytelling과 Storytelling은 어떻게 다른가?

설교학에서 말하는 Storytelling은 설교의 전달에 대한 기법(技法)을 말합니다. 오래 전부터 알려진 내러티브(Narrative) 설교 방식과 비슷한 기법입니다. Storytelling 설교 기법을 설명하면서 예수님의 설교 방식이 이야기식이었다는 것을 증명하려고 합니다. 그러면서 오늘날의 설교자도 예수님처럼 이야기식 설교를 할 때 설교 전달에 효과가 있다고 소개를 하는 겁니다. 성경의 이야기들이 독특한 언어를 사용하여 기록되었으므로 설교에도 효과적인 전달을 위해 성경이 노력한 것과 같은 노력을 기울일 때 전하고 싶은 내용이 잘 전달된다는 것을 말하는 거지요. 전하고 싶은 내용을 위해 성경은 비유를 사용했고, 시(詩)나 잠언, 연설, 기도, 역사, 전기(傳記) 등과 같은 것을 도입한 것처럼, 설교도 전달하고 싶은 것을 효과적으로 전달하기 위해 그런 방법을 도입해야 한다는 걸 말합니다.

Storytelling 기법 설교자로 잘 알려진 유진 로우리(Eugene Lowry)가 강조하는 것이 그런 의미입니다. 다른 말로 하면 전달하고 싶은 것을 드라마처럼 혹은 상상을 가져오도록 설교를 구성하라는 거지요.

Storytelling 기법의 설교는 미국의 유명한 소설가인 존 그래샴(John Gresham)의 기법을 많이 소개합니다. 그의 이야기는 전하고 싶은 이야기를 평범하게 시작하면 충분히 전달이 되지 않으니 놀람(surprise)으로 시작합니다. 서론을 평범하게 하고 나면 이미 시작부터 결론을 상상하기 때문에 식상하다는 거지요. 또한 이야기 중간에 긴장을 조성하는 편집을 잘해야 한다는 겁니다. 그러다가 결론에 가서는 간단하게 하되 적어도 5분을 넘기지 않는 것이 효과적인 이야기가 될 것이라는 가르침입니다. 그래샴의 그러한 기법이 설교에 도입이 되면 설교 전달에 매우 효과적일 거라는 주장이지요.

필자가 말하는 Biblical Storytelling은 전달 기법을 말하는 Storytelling과 다릅니다. Biblical Storytelling은 전달 기법이 아니라 내용을 말하는 겁니다. 내용이란 성경을 말합니다. 성경을 통해서 설교하는 것, 성경의 이야기만을 말하는 걸 Biblical Storytelling 설교라고 하는 겁니다. 설교자가 하고 싶은 이야기(주제나 제목)를 정해 놓았다 하더라도 성경 속에 있는 이야기를 통해 그 목적을 이루는 걸 말합니다. 예를 들어, 탕자의 비유에 관한 본문을 가지고 설교할 때 그 본문만 가지고 이야기를 만드는 겁니다. 아버지의 심정, 두 아들의 심정, 계획, 떨어진 부자(父子)의 서로 다른 생각들, 돌아온 아들에 대한 아버지의 갈등… 이러한 것에 집중적으로 생각을 투자하는 겁니다. 그러기 위해서는 수많은 성경 신학적 연구가 필요합니다. 당시의 습관, 지리적 배경, 가정 윤리, 제도와 같은 것들입니다. 거기에 성경에 등장하는 인물들의 심리를 파헤치는 거지요. 그것을 잘 전달하는 걸 Biblical Storytelling 설교라고 하는 겁니다.

Biblical Storytelling 설교에서도 본문을 돕기 위해 다른 이야기를 도입하긴 합니다만 그 빌려온 이야기조차 오직 성경 속에 있는 이야기로 합니다. 현재 생존해 있는 사람의 이야기를 설교의 한 예로 들지 않습니다. 읽은 소설이나 잡지에서 얻은 아이디어를 가지고 설교를 돕도록 하지도 않습니다. 훌륭한 성현들의 글귀를 통해 설교에 도움을 받지도 않습니다. 설교를 더욱 권위 있게 만들고 도울 수 있으며 능력 있게 하는 것에는 성경만한 것이 없기 때문입니다. 오래 전 어른들은 이런 것을 '성경으로 성경을 푼다'는 말로 표현했던 겁니다.

Ⅱ. Biblical Storytelling 설교를 하게 된 이유들

필자가 Biblical Storytelling을 하게 된 동기가 있습니다. 필자는 목사 안수를 받고 육군 군목으로 사역을 시작하였습니다. 20대 중반의 젊은 목사가 패기 하나로 군인 교회 담임을 맡게 되었는데 내용이 준비되어 있지 않았던 겁니다. 그 내용은 설교라는 거였습니다. 선배 목사님들이 하시는 설교는 비평도 하고 불평도 하던 제가 현실 속에서 설교를 해야 할 때는 엄청난 스트레스를 받았던 겁니다. 주일이 왜 그렇게도 빨리 오는지 숨 쉴 틈 없이 설교 준비를 해야 했던 거지요. 물론 주일만 설교하는 것이 아니었습니다. 수요 예배는 물론 목사가 가는 곳에서는 설교를 해야 했던 겁니다. 그 때를 고백하면 부끄럽지만 설교집을 베낄 수밖에 없었습니다.

설교를 베끼면서도 의문점들이 많았습니다. 설교집마다 제가 알지도 못하는 훌륭한 사람들의 금언이나 저서들이 소개되어 있었고 기가 막힌 예화들이 나를 놀라게 했던 거지요. 그러면서 가진 의문이 '과연 목사님들이 이런 분들을 알고 있는 걸까? 소개하는 책들을 정말 읽고 그 가운데 좋은 금언을 뽑아내신 걸까? 사용하는 예화는 어떻게 얻어낸 걸까?' 하는 궁금함들이었습니다. 그러면서 목회자로서의 자신감이 사라지곤 했지요.

설교를 해야 하는 사람으로서 설교 내용도 무척이나 고민이 되었지만 내용을 생각하기 이전부터 고민은 엄청났습니다. '본문은 어떤 걸로 할까? 제목은 어떻게 해야 하는가?' 하는 것들이었지요. 고민 끝에 기껏 결정한 설교들은 이미 익숙해져 있는 것들에 국한되고 있었던 겁니다. 다시 말하면 성경을 지독하게도 모르는 자신을 발견한 겁니다. (그렇게 두꺼운 성경인데도 설교할 게 없다는 상황이 한심하게 보였던 거지요.) 설교를 하면서도 제대로 하는 건지도 모르고 했습니다. 그야말로 멋진(?) 설교를 만들어 청중들의 잘한다(?)는 평가의 소리에만 관심이 있었던 겁니다.

그런 시간들을 보내는 가운데 자신을 향한 양심선언을 한 겁니다. '난 성경을 모르는 사람이다!' 라고 말입니다. 그러고는 성경을 읽고 연구하기 시작했습니다. 그러다 보니 주석이 필요했고 성경학자들이 만들어 놓은 업적들의 고귀함을 알기 시작한 겁니다. 그때부터 성경이 알아지기 시작했습니다. 성경의 이야기 하나하나가 나를 이야기하는 거였습니다. 성경을 읽으면서 내 자신이 한 꺼풀 한 꺼풀 벗겨졌습니다. 모든 문제들이 성경 속에 기록되어 있었고 해결 방법까지도 있었던 겁니다. 그렇게 발견한 것들을 강단에서 소개한 거지요. 소위 설교한 겁니다. '어떻게 무엇을 설교할까? 어떤 본문을 가지고 어떤 제목으로 설교해야 하는가?' 하는 고민은 아침 안개가 햇빛에 사라지는 것처럼 사라졌습니다. 오직 재미있게 깨달은 내용(이야기)을 알리고 싶은 마음으로 흥분되었던 겁니다.

읽고 발견한 것들만 전해도 나 자신은 물론 청중들도 무척이나 흥미 있어 했고, 소위 말하는 은혜를 받았습니다. 그때부터 설교를 그렇게 하기 시작한 겁니다. 여타 책을 뒤적거려야 한다는 부담으로부터 자유롭기 시작했습니다. 훌륭한 인물의 잠언을 인용해야 한다는 부담도 사라졌습니다. 유명한 책과 저자를 말해야 한다는 것으로부터도 자유함을 누렸습니다. 어떤 책도, 어떤 훌륭한 인물도, 어떤 금언과 잠언 경구도, 어떤 역사 이야기도 성경만한 것이 없다는 것을 깨달은 겁니다. 그런 것들은 설교자인 나의 괜찮음(?)을 보여주는 건지는 모르지만 성경의 권위와는 비교할 수도 없었습니다. 다른 이야기를 하는 것보다는 성경 이야기를 하는 것이 사람을 변화시키는 최고의 능력임을 발견한 겁니다.

Ⅲ. 어떻게 하는 것이 Biblical Storytelling 설교인가?

말이 거창해서 그렇지 Biblical Storytelling 설교를 하는 방법은 특이한 것이나 새로운 것이 아닙니다. 설교하는 사람이라면 이미 하고 있는 것이라 생각이 듭니다. 그러나 필자의 설교와 글을 이런 제목으로 명명하는 데는 몇 가지 기준이 있습니다.

첫째는 설교자가 청중들에게 전하려고 목적한 것을 이루기 위한 수단들로 성경의 이야기를 최대한으로 사용한다는 겁니다. 주제 설교를 하더라도 그 주제를 풀어가는 자료들이 성경 속에 있는 이야기들이라는 겁니다. 강해 설교를 하더라도 세상에서 일어나는 일들로 강해의 이해를 돕는 것이 아니라 성경 속의 이야기들을 가지고 풀어가는 겁니다.

둘째는 성경 본문에 대한 깊은 연구가 필요합니다. 본문 배경을 제대로 모르고 성경을 이야기하면 본문 이야기와는 상관없는, 엉뚱함에도 불구하고 훌륭한 교훈(?)이 만들어질 수가 있지요. 그러나 설교자는 훌륭한 이야기나 괜찮은 교훈을 만들어내는 사람이 아니라 하나님이 성경을 통해 말씀하시고 싶은 것을 제대로 전달하는 사람입니다. 그러므로 충실한 주석과 학자들의 도움을 받아야 합니다.

셋째는 성경의 이야기 주인공을 설교자 자신으로 여기면서 읽고 연구하는 겁니다. 청중을 주인공으로 여기면서 성경을 보면 옳고 그름을 분별하는 것에만 관심이 갑니다. 그러나 자신을 주인공으로 하면 이해를 만들어 가면서 해석하게 됩니다. 다시 말해서 자기를 변호하기 위해 많은 생각을 하게 되지요. 예를 들면, 노아가 홍수 후에 술을 먹고 추태를 부린 내용을 청중 중심으로 보면 술 먹지 말라는 쪽으로만 생각이 기울어집니다만, 나 자신이 노아가 되어 보면 말동무 하나 없이 지루하고 적막한 시간들을 보내는 고독으로 말미암았겠구나 하는 이해 쪽으로 생각이 기울어진다는 겁니다. 로마서를 설교할 때에는 내가 로마서를 쓰는 사람도 되었다가 동시에 내가 바울로부터 로마서 편지를 받아 읽는 사람도 되어야 한다는 것이지요.

넷째는 본문 전체를 말해야 한다는 겁니다. 선택한 본문에는 한 목적만 있는 것이 아닙니다. 설교자는 한 목적을 선택했을지 모르지만 성경을 기록한 성령께서는 다양한 목적을 심어 놓으셨습니다. 그러므로 설교자의 목적 설교보다는 성령의 역사를 기대한다는 목적으로 선택한 본문을 구석구석 말하는 겁니다. 예를 들면, 다윗이 아버지 이새의 심부름으로 골리앗과 대치하고 있는 전쟁터의 형들을 찾아간 이야기를 본문으로 한다고 합시다. 그 본문에는 수많은 장면들이 있습니다. 형들에게 꾸지람 듣는 다윗의 모습, 반면에 꾸지람하는 형들의 마음, 대드는 동생, 떠드는 골리앗... 하여간 얼마 안 되는 이야기이지만 묘한 감정들이 포함되어 있습니다. 그 본문을 읽을 때 어떤 이는 다윗 입장에서 또 어떤 이는 형들 입장에서 읽기도 합니다. 어떤 이는 형제끼리 다투는 건지 의를 나누는 건지를 보고 있습니다. 설교자가 목표한 것과는 다른 마음으로 성경 본문을 읽고 있는 청중들이기에 전체를 설명하고 말해야 한다는 거지요. 이 말은 설교자 (사심의) 의도 없이 성경을 말하자는 말입니다.

다섯 번째는 성경을 기록한 하나님의 마음을 헤아리면서 교훈을 찾는 겁니다. 하나님의 마음을 헤아리면서 성경을 보면 은혜가 됩니다. 감사가 흘러나옵니다. 감동 때문이지요. 그리고 나의 삶이 변한답니다. 의지에 의한 변화도 있겠습니다만 감동에 의해서 저절로 변화되는 거지요.

Ⅳ. 나가는 말

설교자에게 가장 중요한 것은 성경입니다. 성경을 잘 말해야 합니다. 성경을 정확하게 전달해야 합니다. 잘 말하고 잘 이해시키려고 너무 대단한 것들을 끌어 오다가 성경보다 다른 것에 더 관심을 갖게 하는 우를 범할 수 있다는 거지요. 또한 설교자가 성경이 아닌 다른 이야기를 말해야 하는 것이 당연하게 여겨지면 설교자들은 본의아니게 거짓말을 하게 될 수도 있다는 겁니다. 또한 다른 말을 기가 막히게 해야 실력 있는 목사 취급 받게 된다는 이상한 생각(?)을 하게 한다는 거지요. 실력 있는 설교자는 성경을 기억하게 하는 사람인데 말입니다. Biblical Storytelling 설교는 설교자는 물론, 청중들과 교회 속에서 성경의 가치를 회복시키려는 몸부림이라고 할 수 있습니다.

서 문

죽고 싶을 때가 있습니다. 그런데도 죽지 못하는 게 그리스도인입니다. 죽는 것으로 끝나는 게 아님을 알고 있기 때문입니다. 그래서 죽을 만큼 괴로워도 죽지 않고 버티며 사는 거랍니다.

죽고 싶은 건 남녀노소를 가리지 않습니다. 어린아이에게 무슨 죽고픈 마음이 있겠느냐고 할지 모르지만 어린아이도 나름대로 죽고 싶을 만큼의 고민이 있답니다. 초등학생이나 중학생도 마찬가지입니다. 사춘기 때도 죽고 싶을 때가 있고 청년기에도, 결혼 후 가정을 꾸린 다음에도 그리고 늙어가면서도, 아주 늙었을 때도 죽고 싶은 마음은 항상 따라다니는 거지요.

빈들빈들 놀고 있는 사람은 자신의 무위도식을 한탄하면서 죽고 싶은 마음이 들 때가 있을지 모르지만, 바쁜 사람도 죽고 싶을 때가 있는 건

마찬가지랍니다. 결혼 못한 사람이 죽고 싶을 때가 있겠지만 결혼한 사람도 죽고 싶을 때가 있구요, 몸이 너무 아파 죽고 싶은 사람이 있겠지만 건강한 사람도 죽고 싶을 때가 있는 건 매 일반이랍니다. 돈이 없어도, 돈이 많아도 그렇구요, 공부 못해서 죽고 싶은 사람이 있기도 하지만 공부를 너무 잘하는 사람도 죽고 싶어하는 경우가 종종 있지요. 자식을 갖고 싶은데 갖지 못해서 죽고 싶은 사람이 있지만 자식 때문에 죽고 싶은 부모도 한둘이 아니랍니다.

신앙? 신앙이 없는 사람이 죽고 싶어 하는 건 그럴 수 있다고 할지 모르지만, 사실 신앙을 가진 사람도 죽고 싶을 때가 얼마나 많은지요. 그리스도인들도 죽고 싶을 때가 많다는 말입니다. 인생은 그런 거랍니다.

성경에 기록된 다윗을 읽으면서 '그가 정말 죽고 싶었겠다' 라는 생각을 여러 번 했습니다. 아니, 죽지 못해 살고 있구나 하는 생각을 했답니다. 정말 죽고 싶을 만큼의 기구한 인생이 그의 인생이었기 때문이지요. 어쩜 그리도 인생 전체가 쓰라린 아픔들인지 모르겠습니다. 저에게 다윗하라고 하면 정말 하고 싶지 않은 인물이네요.

여덟 중에 막내... 부모도 형제들도 먹을 것이 귀한 때에 왜 태어났느

냐며 그를 천대하였답니다. 그래서 숫자에도 넣지 않았지요. 그 귀한 사무엘의 방문 때도 제외시켰을 정도였으니까요. 골리앗과 싸우는 형들에게 심부름을 갔는데 오히려 야단만 맞았답니다. 왕궁에서도 미친 왕이 언제 창을 던질지 모르는 두려움 속에 있었지만 도망도 제대로 갈 수 없는 처지, 십 수 년을 들판을 돌아다니면서 산적처럼 살아야 했던 신세, 왕이 되어서도 열 지파에게 따돌림 받아야 하는 소외감… 정말 죽고 싶은 순간들로 점철된 게 다윗의 인생이잖아요.

30세에 왕이 되었으나 7년 간은 인정받지 못하다가 이제 기분 좋게 통일 왕국의 왕이 되었는가 했더니 함께 나라를 세웠던 요압을 비롯한 측근들이 속을 썩이고… 정말 미칠 것 같고 죽고 싶었을 겁니다.

세월이 조금 지나 어느 정도 안정이 되는가 했더니 밧세바라는 여자 때문에 순간의 정욕을 이기지 못해 더럽고 가식적인 존재, 위선자라는 오명으로 얼굴을 들고 다닐 수 없는 신세가 되었으니 얼마나 죽고 싶었겠는지요.

늘그막에는 왕자의 난(亂)이 일어나 서로를 죽이는 끔찍한 사건으로 인해 죽고 싶더니, 그 일이 마무리되는 즈음에는 아들놈이 아버지를 죽이겠다고 혈안이 되어 쫓아다니는 겁니다. 그 죽고 싶어하는 다윗의 마음이 읽어집니다. 자신을 죽이겠다고 하던 아들 압살롬이 나무에 매달린 채 창에 찔려 죽임을 당했으니 더 죽고 싶었던 겁니다.

다윗의 인생, 죽고 싶을 때 쓴 시(詩)들로 인해 우린 그를 대단한(?) 존재로 여겨 존경을 하지만 그는 죽고 싶은 하루하루를 참아가면서 살았을 뿐이랍니다.

다윗은 분명 정상에 선 사람입니다. 신앙은 물론 인생을 평가할 때 정상의 사람임이 틀림없지요. 그의 하나님에 대한 믿음도 그렇고, 기도도 그렇고, 말씀을 사랑하는 것도 그렇고, 싸움 실력도 정상이고 리더십은 물론 전략을 짜는 데도 그렇고, 용맹성에서도 정상의 수준임이 분명합니다. 정치적으로도 한 나라의 왕이었으니 확실히 성공한 사람이지요.

그러나 그 정상은 멀리서 볼 때 아름다운 정상일 뿐입니다. 우리가 정상으로 평가하는 다윗은 죽고 싶은 시간들로 엮어 맨 인생이었답니다. 다윗은 자신을 부러워하고 대단한 존재라고 존경하고 칭찬하는 사람을 향해 씁쓸한 미소를 짓고 있을 거라는 생각이 듭니다. 자신과 같은 인생을 살지 말라고, 너무 힘든 인생이라고, 자신은 그저 죽고 싶은 시간들을 그냥 버틴 것뿐이라고.

분명 정상의 사람이 정상에서 죽고 싶은 아픔을 참고 살았답니다. 정상 이전의 아픔들을 잊고 성공자의 행복을 누리면서 살 수 있었는데 정상에서도 죽고 싶은 마음으로 산 겁니다. 그게 다윗의 아픔이지요.

그렇게 된 이유가 있습니다. 아주 단순한 일로 인해 그랬습니다. '죄'였답니다. 죄가 그의 정상의 아름다움을 죽고 싶을 만큼의 비참함으로 바꾼 겁니다.

목회하는 사람을 향해서 사람들이 하는 말이 있습니다. 행복한 사람이라고. 멀리서 보는 목회자는 그렇게 보일지 모릅니다만, 목회자도 죽고 싶을 때가 얼마나 많은지요. 죽고 싶은 걸 말하지 않을 뿐입니다. 괜찮다고 하면서 죽고 싶은 걸 보이지 않을 뿐입니다. 목회자 아닌 사람이 죽고 싶어 하는 그 일들이 목회자에게도 똑같이 일어난답니다. 정말 똑같은 문제 때문에 죽고 싶다니까요!

인생은 그런 겁니다. 죽고 싶은 일들이 반복적으로 찾아오는 게 인생입니다. 질병의 문제로, 자녀의 문제로, 가정의 문제로, 물질의 문제로, 죄의 문제로, 인간관계의 문제로, 죽 쑨 설교로 인해, 믿음 없는 일로, 정직하지 못한 자신이 한심스러워서… 정말 죽고 싶을 때가 얼마나 많은지요. 그런데 남들이 행복해 보인다고 하니 더 미칠 것 같은 겁니다.

죽고 싶습니다. 그런데도 살아가는 것은 주께서 자신의 못 박힌 손과 창에 찔린 옆구리와 가시면류관 썼던 이마를 보여주시면서 눈물 고인 눈으로 나를 바라보고 계시기 때문이랍니다.

다윗이 죽고 싶을 때 하나님을 생각했던 것처럼 나도 십자가에서 부활하시고 다시 오마 약속하신 주님을 생각하면서 죽고 싶을 때를 이겨내야겠다는 다짐으로 사무엘하 두 번째 책을 썼습니다.

죽고 싶은 인생이지만 주님이 잡아 주시는 손 때문에 오늘도 살아가는 형제자매들을 사랑합니다.

캘리포니아 바람 많이 부는 마을에서

조관호 목사

3

〉〉 세 번째 이야기 삼하 11-12장

넘어지는 사람

사울 왕이 자신을 잡기 위해 그일라로 향해 오고 있다는 정보가 다윗의 귀에 들린겁니다. 다윗의 마음이 불안했습니다. 물론 그일라를 구원하기 전에도 이런 일을 예상하긴 했습니다만 막상 사울 왕이 또 잡으러 온다고 하니 마음이 초조한 거였습니다. '정말 사울 왕이 날 잡으러 오는 걸까? 그럼 난 꼼짝없이 당하는 게 아닌가? 함께 하는 이 많은 사람들은 어떻게 되는 건가?... 나와 함께 동고동락을 하는 이 형제들도 모두 잡혀 죽는단 말인가?' 그러면서도 그일라 사람들을 생각했습니다. '자신들의 생명을 구원해 주었는데 그 일라 사람들이 사울의 칼로부터 나를 지켜줄 거야. 사람이라면 도리가 있는 법... 그일라 사람들이 틀림없이 지켜줄 거야!' '그런데 혹시... 날 사울 왕에게 넘겨줄지도 몰라... 아니야 그럴 리가 있겠어?' 다윗의 마음이 갈피를 잡지 못했습니다. 그러나 다윗이 광야학교를 통해서 배운 것이 있었습니다. 하나님을 의지하는 거였습니다. 그래서 하나님께 엎드려 기도했답니다. 하나님께

❶ 삼하 11:1–5

잘못

다윗이 왕이 된 지 벌써 오랜 세월이 지났습니다. 갑자기 흰 수염을 날리면서 베들레헴 집에 도인(道人) 같은 모습의 사무엘 선지자가 나타나 양을 치던 자신에게 기름을 붓던 때가 엊그제 같은데... 그때는 참 순수했었다는 생각이 듭니다. 골리앗을 물리치고 왕실에서 수금을 타던 때... 사울 왕에게 미움을 받아서 쫓기던 때가 있었습니다. 살기 위해서 블레셋 땅으로 들어가 모험하던 때, 그리고 유다 사람들에게 왕으로 인정받았던 때도 있었습니다. 유다 땅 헤브론에서 7년 6개월 동안 정치를 하고 이제는 예루살렘으로 수도를 옮겨 명실상부한 이스라엘의 국왕이 되어 있습니다.

예루살렘으로 수도를 옮긴 후 많은 일을 했습니다. 우선은 전쟁도 많이

했구요, 감히 주변 국가에서 넘볼 수 없을 만큼 강한 국가로 만들어 놓았습니다. 행정 수도도 옮겨 예루살렘에 세웠고 왕궁을 비롯한 많은 성들을 건축했습니다. 십수 년 동안 무척이나 바빴습니다. 정치판에 들어와 왕이 된 지 20년이 흘렀답니다. 이제는 수염도 많이 희어졌고 머리도 반백(半白)입니다. 아내들도 많이 늙었습니다. 곱기만 했던 아내들이었으나 세월은 곱고 예쁜 모습들을 가만 놔두지 않았습니다. 그 세월 동안 아이들도 많이 컸구요.

암몬이 귀찮게도 종종 공격해 온다는 소리가 있기는 했지만 크게 신경 쓸 필요는 없었습니다. 나이가 오십이 넘어 웬만한 국제 정세에는 여유 있게 대처할 만한 요령도 생겼고, 또 요압과 아비새를 비롯한 용감한 장수들은 믿을 만한 실력가들이었거든요.

어느 날 암몬의 침입이 있다는 소식이 들려왔습니다. 암몬 단독으로 침공하는 것이 아니라 돈으로 산 북쪽 연합군의 수많은 군인들과 함께 쳐들어온다는 것입니다. 암몬 왕은 물론이요 벧르홉 아람 왕, 소바 왕 하닷에셀과 여러 족속의 왕들이 연합한 것입니다. 북쪽 연합군들은 암몬 성 주변에 병력을 주둔했고 암몬 군사들은 자신들의 도성(都城)인 랍바를 지키기 위해 철통같은 방어망을 구축하고 있다는 보고였습니다.

다윗은 군사회의(會議)를 소집했습니다. 군대 장관 요압을 비롯하여 아비새와 그밖의 충성스런 장수들이 모였습니다. 그 가운데 젊고 패기가 있으며 장래가 촉망되는 우리아도 있었습니다. 모두가 충성스런 장수들이었습니다. 긴 시간 작전(作戰)회의를 완벽하게 마쳤습니다. 이번 암몬과의 전쟁에는 요압 장군이 총책임을 맡기로 하고 다윗 왕은 출전하지 않기로 결정했답니다. 이 정도의 전쟁에는 왕이 직접 나갈 필요가 없었기 때문입니다.

모두가 승리를 확신하며 전쟁터로 향했습니다. 작전에 따라 요압과 그 부대는 암몬의 랍바 성을 공격하기로 하였고 나머지 장수들은 각각 임무에 따라 출전했습니다.

『왕들의 출전할 때가 되매 다윗이 요압과 그 신복과 온 이스라엘 군대를 보내니 저희가 암몬 자손을 멸하고 랍바를 에워쌌고 (그러나) 다윗은 예루살렘에 그대로 있으니라』(:1)

전쟁은 만만하지 않았습니다. 요압에게도 힘든 싸움이었습니다. 왜냐하면 랍바 성을 지키기 위한 암몬 군사들의 각오가 대단했기 때문입니다. 그래서 그런지 전쟁의 기간이 길어지고 있었습니다.

그러나 다윗은 크게 걱정하지 않았습니다. 지난 번에도 북부 연합 세력들을 만나 물리친 적이 있었기 때문입니다. 따라서 이번 전쟁도 요압이 승리하리라고 믿었습니다. 궁궐은 조용했습니다. 전쟁중이기 때문이었습니다. 많은 장수들이 전쟁터에 가 있었기 때문에 왕실 근위병만 궁궐을 지키고 있을 뿐입니다.

다른 때 같으면 사소한 일로도 사람들을 만나야 했었는데 지금은 가끔 전쟁 진행 소식만 보고 받을 뿐이었습니다. 대부분의 소식은 승리의 좋은 소식들이었습니다. 궁궐에는 회의(會議)도 없었고 사적인 만남도 없었답니다.

조용하고 한가했습니다. 다윗 왕은 나이가 들은 탓인지 무료한 오후 시간에는 졸음이 와 낮잠을 자기도 했답니다. 이날도 점심 식사와 더불어 전쟁 소식을 잠깐 보고(報告) 받은 후 나른한 몸을 이길 수 없었는지 침상으로 가 낮잠을 잤답니다. 얼마나 잤을까요? 황혼이 지는 오후 늦게까지 잠을 잤나 봅니다. 조금 지나면 어두움이 올 것 같았습니다. 기지개를 펴고 일어나 냉수 한 그릇을 마셨습니다. 시원한 공기를 들이키기 위해 비서 역할을 하는 신하와 함께 옥상에 올랐습니다. 비서는 한구석에 조용히 서 있었고 다윗은 운동 삼아 넓은 옥상을 한가하게 거닐고 있었답니다.

예루살렘 주변이 훤하게 내려다 보였습니다. 정말 아름다운 도시였습니다. 붉은 황혼이 사라지면서 어두움이 예루살렘 성을 향해 조용히 밀려들어오고 있었습니다. 다윗은 자신이 건설한 예루살렘 성을 바라보던 중입니다. 뒤에 서 있던 비서는 다윗이 그렇게 저녁풍경만을 보고 있는 줄 알았습니다. 그런데 그렇지 않았답니다. 조금씩 밀려드는 어두움으로 인해 물체를 정확하게는 볼 수 없을 것 같은데도 불구하고 다윗의 눈은 궁궐 가까이 있는 한 집에 집중하고 있었습니다. 작지도 크지도 않은 아담한 집이었습니다. 궁궐 아래에서 봤다면 쌓인 담으로 인해 그 집의 안채는 물론 마당도 볼 수 없었겠지만 궁궐 옥상에서는 그 집의 마당이 보였고 열어 놓은 집 안의 일부도 볼 수 있었습니다.

다윗이 보고 있는 것은 그 집의 모습이 아니었습니다. 그 집의 나무도 아니었습니다. 살림을 위한 가재도구도 아니었습니다. 그 집에서 움직이고 있는 한 사람, 한 여인이었습니다. 한참 동안 지켜보았습니다. 그 집에는 그 여인만 움직이고 있었습니다. 종도 없고 어린 아이도 없고 아무도 없는가 봅니다. 저녁 노을이 꼬리를 감추면서 조금씩 어두움이 짙어지고 있었습니다. 다윗은 눈을 뗄 수가 없었습니다. 왜냐하면 여인이 옷을 벗고 몸을 씻고 있었기 때문입니다. 저녁에 멀리서 희미하게 보였지만 물을 뿌리고 있는 여체(女體)는 오십 세 된 남정네로 하여금 계속 훔쳐보게 하는 힘이 있었습니다. 믿음 좋은 사람(?)도 계속 바라보게 하는 힘이 있었습니다.

여인의 모습은 무척이나 아름다웠습니다. 약간 멀리 어두운데서 보이는 여인... 그것도 머리를 늘어뜨리고 벗은 몸에 물을 뿌리며 목욕하고 있는 여인... 모든 것이 그렇겠지만 약간 어두울 때 보면 더 예쁜가 봅니다. 나이 든 다윗의 눈을 모두 빼앗은 것은 물론이고 마음까지 빼앗고 있었답니다.

『저녁때에 다윗이 그 침상에서 일어나 왕궁 지붕 위에서 거닐다가 그곳에서 보니 한 여인이 목욕을 하는데 심히 아름다워 보이는지라』(:2)

'누굴까? 혼자 사는 여인인가? 아니면 남편이 있을까? 나이는 몇 살이나 되었을까? 참 아름답구나!' 다윗의 마음 속에 드는 생각들이었습니다. 궁금함을 넘어서 다윗의 마음에 욕정(欲情)이 끓어 오르고 있었답니다.

비서는 다윗 임금이 예루살렘 전체를 바라보고 계시는 거라고 생각했습니다. 암몬과의 전쟁에 나가 싸우고 있는 요압과 아비새가 잘 싸워 주기를 바라는 마음으로 하나님께 기도하고 있을 것이라고 생각했습니다. 다른 생각은 전혀 하지 못했고 의심하지 않았습니다. 비서는 다윗과 같은 신앙의 임금을 최측근에서 모시고 있다는 것에 언제나 감사했고 가문의 영광이라고 생각하고 있었습니다. 일생을 다윗 임금을 모시며 살아도 후회가 없을 것이라고 생각하였습니다.

궁궐 아래 집에서 목욕하고 있는 여인에 대한 이상한 마음(?)이 다윗의 머리에 가득 차 있었습니다. 그의 가슴을 혼란스럽게 만들었습니다. 계속 그녀를 바라보면서 다윗은 수많은 상상을 했습니다. 얼마나 시간이 흘렀을까요? 몸에 물을 뿌리는 여인의 몸이 움직일 때마다 다윗은 무엇인가 들킨 것 같은 철렁거림이 있었답니다. 왜냐하면 그녀의 움직임이 궁궐 위의 자신을 몰래 몰래 쳐다보는 것 같았기 때문입니다. 목욕하는 여인을 훔쳐본다는 것이 죄책감으로 다가왔습니다. 그러나 다윗은 모르는 척했습니다. 마치 다른 곳을 보고 있는 것처럼.

목욕하는 여인... 왕궁 지붕 위에서 누군가가 자신을 쳐다보는 사람이 있다는 것을 알았는지, 아니 누군가가 자신을 보고 있는데 그 사람이 다윗 왕이라는 것을 눈치챘답니다. 궁궐 옥상에서 저녁 시간에 망중한(忙中閑)을 누릴 수 있는 사람은 사실 임금뿐이었으니까요. 그러나 서로... 딴청을 하고 있었답니다. 다윗은 안 보고 있는 것처럼, 그녀는 자신의 목욕하는 것을 아무도 보지 않고 있는 것처럼... 서로가 알면서도, 그러나 모르는 척했답니다. 궁궐 옥상과 그 아래, 먼 거리일 수도 있고 가까운 거리일 수도 있는 곳, 그러나 두 사람의 마음은 거리와 아무런 상관이 없었답니다.

여인이 물에 젖은 몸을 일으키더니 집 안으로 들어갑니다. 목욕이 끝났나 봅니다. 어두움이 제법 예루살렘을 덮어가고 있었고 그녀의 집에도 초롱불이 켜졌습니다. 다윗의 눈은 그녀가 들어간 방에 몰두하고 있었습니다. 다윗의 몸은 전혀 움직이지 않습니다만 그의 가슴과 머리에는 수많은 그림들이 지나가고 있었습니다. 그 그림들은 무척이나 빨리 움직였습니다. 가끔씩 침을 꿀꺽 삼키기도 했답니다.

멍하니 그녀의 집을 바라보고 있는데 뒤에 서 있던 비서가 다가와서 임금에게 말을 붙였습니다. 얼마나 놀랐는지요. 지금까지 자신의 「훔쳐 봄」을 들킨 것 같았기 때문입니다. 그때입니다. 집 안에 들어가 다시는 나오지 않을 줄 알았던 여인이 옷을 입고 방 밖으로 나오는 것입니다. 집에서만 입을 수 있는 옷이었습니다. 어두움 속에 희미하게 보이는 그녀의 모습은 다윗을 더욱더 힘들게 만들었습니다. 비서에게 다윗이 점잖게 말했습니다.

"저 아래 저 여인네가 누구인고?"

정말 알고 싶었습니다. 그러나 아주 태연하게 물었답니다. 비서는 여인을 보더니 "글쎄요..."라고 대답했습니다.

거기서 그쳤으면 됩니다. 그런데 그렇지 않았습니다. 비서에게 명령(?)했답니다. 누구인지 정확하게 알아보라고...

『다윗이 보내어 그 여인을 알아보게 하였더니』(:3상)

임금의 명령이었습니다. 비서는 곧바로 그녀의 집으로 향했습니다. 사실 비서는 그녀가 누구인지를 알고 있었습니다. 그러나 임금의 명령이기에 정확하게 확인하기 위하여 찾아간 것입니다. 다윗의 마음 속에 그녀에 대한 욕망이 불타고 있음을 비서는 알았습니다. 다윗이 아무리 점잖게 말한다 하더라도 십 수 년을 모셔온 비서는 다윗 왕의 마음을 읽는 것이 어렵지 않았습니다.

그 집에 다녀온 왕의 비서는 그녀에 관한 자신의 정보가 틀리지 않음을 확인했습니다. 그녀는 왕의 충신인 장수(將帥), 우리아의 아내였습니다. 비서는 임금에게 다른 일(?)을 하지 못하도록 해야겠다고 생각했습니다. 어쩌면 임금이 저지를지도 모를 나쁜 짓을 어떻게 막을까 하는 고민을 했답니다.

다윗은 비서가 오기를 초조하게 기다리기도 했지만 불안하기도 했습니다. 그녀가 누굴까 하는 궁금함과 함께 자신의 마음을 비서에게 들킨 것이 아닌가 하는 걱정 때문이기도 했습니다. 그러나 이미 엎질러진 물이었습니다. 비서가 돌아왔습니다. 다윗은 딴청을 하고 있었습니다만 비서는 다윗의 나쁜 짓을 막아야 한다는 사명감으로 다윗의 생각을 멈추게 하기 위하여 이렇게 말했습니다.

"전하, 이스라엘의 장수 엘리암의 딸이 살고 있는 집입니다. 얼마 전에 우리아라고 하는 장수와 혼인을 했지요. 결혼 후에 저 집에서 살림을 차렸습니다. 엘리암도 충신이지만 우리아 역시 이스라엘의 장수 중에 장수지요. 아마 전하께서 엘리암은 물론 우리아도 잘 아실 것입니다."

『그는 엘리암의 딸이요 헷 사람 우리아의 아내 밧세바가 아니니이까』(:3)

다윗에게 좋은 친구 둘이 있었습니다.
아히도벨이라는 사람과 후새라는 사람입니다.
다윗 왕보다는 약간 나이가 들었습니다만
두 사람 모두 대단히 머리가 좋은 현자(賢者)들이었습니다.
정치를 하는 다윗에게는 없어서는 안 될
머리들(Brain)이었습니다.
다윗은 두 사람을 모두 옆에 두고
왕의 모사(謀士)로 삼고 싶었습니다.
그러나 국가 조직상 보직은 하나뿐이었기에
한 사람만을 선택해야 했습니다.
다윗은 아히도벨을 선택했습니다.

아히도벨... 다윗에게 소중한 사람이었습니다.

아히도벨에게 아들이 하나 있었습니다.

엘리암이었습니다. 나이 사십에 가까운 사람이었습니다.

그도 아버지 아히도벨과 같이 다윗에게는 소중한 사람이었습니다.

(삼하 23장에 나오는 37명의 다윗 용사 중에 한 사람으로 기록되어 있습니다.)

이 엘리암에게 딸이 하나 있었답니다.

그 이름이 '밧세바' 였습니다.

어려서부터 총명하고 예쁘다는 소리를 많이 들었습니다.

성격이 아주 당차기도 했고요.

엘리암에게도 예쁜 딸이었지만

아히도벨도 손녀 딸 밧세바를 무척이나 예뻐했답니다.

세월이 흘러 그 여자아이가 벌써 결혼할 때가 되었습니다.

아마도 17-20세 정도 된 것 같습니다.

미래가 촉망되는 훌륭한 장수와 혼담이 오가더니

혼인을 한 것입니다.

그 장수의 이름이 '우리아' 였습니다.

헷 사람이었는데 유대인으로 귀화한 사람이었죠.

다윗도 밧세바의 결혼을 축하했었답니다.

친구의 손녀딸이잖아요.

가끔 아히도벨과 궁에 들어와서는

임금께 예쁜 소리를 하곤 했던 아이였습니다.

"임금님, 나도 이런 왕궁에서 살고 싶어요!"라고.

그 아이 밧세바가 장수 우리아와 짝을 맺은 것입니다.
저들은 행복한 신혼(新婚)살림을 살고 있었답니다.
『길로 사람 아히도벨의 아들 엘리암과』(23:34하)
『그는 엘리암의 딸이요 헷 사람 우리아의 아내 밧세바가 아니니
이까』(:3)

오늘 저녁, 궁궐 옥상에서 훔쳐본 목욕하던 여인이 친구 아히도벨의 손녀랍니다. 용사 엘리암의 딸이랍니다. 자신과 나라를 위해 얼마 전 요압과 함께 전쟁터에 나간 충신이자 장래가 촉망되는 젊은 장수 우리아의 아내랍니다.

신하의 보고...

여인에 대한 신하의 보고는 상당히 의미 있는 보고였습니다.
여인의 이름을 정확하게 말한 것이 그것을 말해주고 있습니다.
(구약적 배경으로는 여인의 이름을 기록하지 않는 것이
일반적입니다.)
이름을 말한 것은 다윗이 이 여인의 이름만 들어도
누구인지를 알기 때문입니다.
게다가 여인의 아버지 이름도 정확히 표현되었습니다.
신하가 한 말은
'왕께서 건드리면 안 되는 여인'이라는 것을
강력히 암시하는 표현이랍니다.

신혼이라는 암시가 들어 있기도 하구요.

「우리아의 아내」라는 말...

그녀는 유부녀요

왕의 신하의 아내요

그것도 자신을 위해 전쟁터에 나가 있는

충신의 아내를

건드리면 안 된다는 호소를 하고 있는 거였답니다.

다윗의 비서는 충신이었습니다.

왕이 여자를 범한다는 것은

당시 상황으로 보면 그리 큰 문제는 아닙니다.

그러나 아무리 왕이라 하더라도

유부녀(有夫女)를 범한다는 것은

있을 수 없는 악(惡)임을 알고 있었습니다.

그런데 유부녀도 유부녀 나름입니다.

지금 다윗이 범하려고 하는 유부녀는 신혼 중에 있는 새댁입니다.

그 남편은 다윗 왕의 충신인 우리아라는 사람이기에

더욱 말리고 있는 것입니다.

비서는 그 이유만으로 다윗의 욕정을 잠재우려고 하는 것이 아닙니다.

다윗과 그녀의 집안과의 관계를 말하고 있습니다.

아버지 엘리암과의 관계입니다.

밧세바는 다윗의 절친한 친구인 아히도벨의 사랑스런 손녀입니다.

아히도벨은 자신의 손녀가 행복하게 신혼 생활하고 있는 것을

무척이나 흐뭇하게 생각하고 있는데
그 귀여운 손녀 밧세바가
남편 우리아를 전쟁터에 보내고 힘들어하는 것을 보면서
안타까워하고 있음을 비서는 알고 있었거든요.
그런데 다윗 왕이 아히도벨의 손녀를 범한다면...
비서는 일어날 다윗의 악한 행위를 막아야겠다는 생각을 한 것입니다.

그녀에 관한 보고를 들은 다윗.
잠깐(?) 괴로웠습니다.
그리고 그러면(?) 안 된다는 생각을 했습니다.
자신이 생각하고 있는 것이 옳지 않다는 것을 알고 있습니다.
그리고 혹 일이 잘못되어 들키면 어떤 망신을 당할지
떨리고 두려웠습니다.
유혹은 이런 것입니다.
사람들은 이런 것이 유혹이라는 것을 압니다.
그리고 옳지 않은 일이라는 것도 압니다.
하나님뿐 아니라 사람들에게도 지탄받을 일이라는 것을 압니다.
유혹을 받을 때 들키면 어떤 대가가 올 것인지
양심은 소리 지르고 있습니다.
사람들은 양심의 소리를 들으면서 두려워합니다.
그렇다면 그쳐야 합니다!
그것이 지혜입니다.

성령의 충고를 들어봅시다.

『네 마음에 그 아름다운 색을 탐하지 말며
그 눈꺼풀에 홀리지 말라
음녀로 인하여 사람이 한 조각 떡만 남게 됨이며
음란한 계집은 귀한 생명을 사냥함이니라
사람이 불을 품에 품고야 어찌 그 옷이 타지 아니하겠으며
사람이 숯불을 밟고야 어찌 그 발이 데지 아니하겠느냐
남의 아내와 통간하는 자도 이와 같을 것이라
무릇 그를 만지기만 하는 자도 죄 없게 되지 아니하리라
도적이 만일 주릴 때에 배를 채우려고 도적질하면
사람이 그를 멸시치는 아니하려니와 들키면 칠 배를 갚아야 하리니
심지어 자기 집에 있는 것을 다 내어주게 되리라
부녀와 간음(姦淫)하는 자는 무지한 자라
이것을 행하는 자는 자기의 영혼을 망하게 하며
상함과 능욕을 받고 부끄러움을 씻을 수 없게 되나니
그 남편이 투기(妬忌)함으로 분노하여
원수를 갚는 날에 용서하지 아니하고 아무 벌금(罰金)도
돌아보지 아니하며
많은 선물을 줄지라도 듣지 아니하리라』(잠 6:25-35)

다윗 속에서 부르짖던 양심의 소리가 거부당했습니다. 신하를 통해 기회 주시는 하나님이 거부당한 것입니다. 다윗은 쿵쿵 뛰는 마음을 무시했습니다. 오십 세의 나이는 웬만하면 절제할 수 있는 때입니다. 정 견디기 어려웠다면 많은 아내들 가운데 하나를 택할 수도 있었습니다. 만일 아내들이 늙어서 싫다

면 궁궐 안에 있는 젊은 여인들 가운데 하나를 택할 수도 있습니다. 그 여인을 빈궁으로 삼고 살면 되니까요. 그런데 친구의 손녀, 충신의 아내, 신혼중인 젊은 여인과 있을 수 없는 관계를 가지면 안 된다는 성령의 음성을 거부한 것입니다.

신하에게 명했습니다. 그리고 그를 보냈습니다. 그녀를 데리고 오도록...

"전쟁에 나간 우리아 장수의 아내라고? 내 그 장수를 잘 알고 있지. 그리고 얼마 전 결혼한 것도 알고 있지. 그의 아내로구먼. 내가 그 여자를 어려서부터 잘 안다구. 손녀 같거든. 암, 손녀지. 그녀의 할아버지 아히도벨이 내 모사가 아닌가. 나도 그녀의 할아버지라네. 허허. 남편을 전쟁에 보내놓고 무척이나 적적하겠구먼. 자네가 얼른 가서 내 한번 보자고 한다고 말하게나. 충신의 아내이니 이 저녁에 차나 한잔 대접해야겠구먼. 옛날에는 어린 아이였는데 벌써 시집을 갔구먼. 어여 가서 왕궁에 들라고 하게나!"

다윗은 능청스럽게 말을 했습니다. 신하가 아무런 이상함을 느끼지 못하도록 말입니다.

『다윗이 사자를 보내어 저를 자기에게로 데려오게 하고』(:4상)

신하가 여인을 데리고 왔습니다. 저녁에 멀리서 본 여인입니다. 다윗은 그녀가 어렸을 때부터 잘 알고 있었습니다. 그녀도 다윗 왕을 알고 있습니다. 할아버지 아히도벨께서 모시는 분임을. 전에 그녀는 예쁜 아이일 뿐이었습니다.

그런데 지금 만난 그녀는 아이가 아닙니다. 성숙한 여인입니다. 아주 성숙한 여인이었답니다.

보좌에 앉아 계신 왕, 아히도벨 할아버지께서 모시는 왕이셨습니다. 그런데 지금 앞에 있는 왕은 할아버지께서 모시는 왕이 아니었습니다. 오십 세의 다윗 왕이나 십대 후반의 밧세바나 왕과 신하의 관계가 아닌 이상한 만남(?)으로 둘이 마주하고 있습니다. 등잔 위에서 타는 불빛은 다윗과 밧세바가 있는 방을 밝히고 있었습니다만 불행하게도 그 불빛은 조금 전 목욕하고 온 젊은 여인 밧세바를 바라보는 다윗의 마음을 더욱 불태웠답니다.

서로가 어떤 일이 일어날 것인지를 알고 있었습니다. 그래서 그랬는지 서로는 불안할 뿐입니다. 왕의 침실 주변에 있는 신하들은 미안했는지 핑계를 대고 자리를 비웠답니다. 여느 때 같으면 국왕을 홀로 계시게 할 수 없었습니다만 이날 밤은 왕 침실 주변에 누군가가 있는 것이 오히려 왕에게 불충(不忠)이라고 생각했는가봅니다.

다윗은 밧세바에게 전(前)과 같이 할아버지의 친구로서 만난 것처럼 여유 있는 대화를 만들었습니다. 밧세바도 할아버지의 친구에게 이야기를 듣는 것처럼 반응했습니다. 등잔불은 서로의 모습을 더욱 아름답게 만들어가고 있었습니다. 다윗이 먼저 말했답니다.

"짐이 오늘 우연히 궁중에서 네 집을 보았느니라. 목욕을 하고 있더구나!

허허허!"

밧세바는 무슨 말을 해야 하는가 생각하다가 할아버지(?)에게 부담과 부끄러움 없이 모든 것을 터놓는 것처럼 어리광 부리듯(?) 말했습니다.

"오늘 경수가 끝나서 목욕을 한 것입니다."

『다윗이... 데려 오게 하고 저가 그 부정함을 깨끗케 하였으므로』(:4상)

다윗은 귀가 의심스러웠지만 그녀의 말을 듣자 가슴이 울렁거렸습니다. 밧세바가 하는 말이 무슨 말인지 다윗은 알고 있었습니다. 지금 다윗에게 밧세바는 친구의 어린 손녀가 아니었습니다. 밧세바에게도 다윗은 더 이상 할아버지의 친구가 아니었습니다.

그 밤은 쾌락을 향해 달린 긴 밤이었습니다.

얼마 후, 아니 잠깐 후에 두 사람에게, 아니 적어도 다윗에게 후회가 시작되면서 동이 트고 있었습니다. 다윗의 침대에는 어제 등불 밑에서 만난 밧세바가 더 이상 없었습니다. 그러나 그의 가슴 속에는 후회의 고통이 싹을 내면서 그녀가 지나간 흔적으로 남아 있었답니다.

『저가 그 부정함을 깨끗케 하였으므로 더불어 동침하매 저가 자기 집으로 돌

아가니라』(:4)

아무도 그날 밤 다윗의 「그 일」을 보지 못했습니다. 아니, 다윗은 아무도 자신의 그날 밤의 일을 모를 것이라고 생각했습니다. 그녀의 남편 우리아는 전쟁터에 있기에 알 리가 없습니다. 그녀의 아버지 엘리암도 모릅니다. 친구이자 밧세바의 할아버지인 아히도벨도 모릅니다. 아무도 알지 못합니다. 다윗은 안전하다고 생각했습니다. 죄책감이 들긴 했지만 들킬 리가 없다고 믿었답니다.

아주 바보였습니다. 아무도 모른다고 생각하는 것 말입니다. 왕실 처마 밑의 새들이 보았답니다. 다윗 침실 아래서 놀던 쥐들이 저들의 소리를 들었답

『저가 그 부정함을 깨끗케 하였으므로』(:4중)

경수가 끝났다는 말입니다. 여인의 몸에는 주기적인 배란기가 있습니다. 월경 시작 7일 전이 그 기간입니다. 그때 성관계를 가지면 임신을 하는 것입니다. 반면에 월경이 끝난 다음 7일 동안은 성관계를 가진다 하더라도 임신 가능성이 없는 때입니다. 하나님이 여인의 몸을 이렇게 만들었습니다. 본문에서 「부정함을 깨끗케 하였다」라는 말은 월경이 끝났다는 말입니다.
다시 말해서 성관계를 가져도 임신 가능성이 없다는 것을 강하게 시사하고 있습니다. 여인이 자신의 부정 기간, 즉 월경 기간을 스스로 말하는 것은 무척이나 부끄러운 것입니다. 그런데 성경이 그녀의 부정(월경)이 끝났음을 다윗이 알고 동침했다고 하는 것을 보면 밧세바가 의도적으로 자신의 몸 상태를 다윗에게 말한 것이라 볼 수밖에 없는 거지요. 안전함(?)을 알려 주는 거였다는 것입니다!

니다. 비서가 보았답니다. 왕실 경호원들과 문지기들이 밧세바의 출입을 지켜보았답니다. 그들이 정치적으로는 힘이 없는 사람들일지 모릅니다만 그들도 입이 있고 생각이 있는 사람들이잖아요. 그들이 보고 있었답니다. 하나님도 보고 계셨습니다. 하나님이 개입하신 것일까요? 사람들은 모르는 척했습니다만...

일이 터지고 말았습니다. 암몬과의 전쟁이 오래 계속되고 있었으므로 요압을 비롯한 이스라엘 군사들이 수개월째 고향으로 돌아오지 못하고 있었습니다. 아마도 2-3개월이 지난 것 같았습니다. 전쟁터도 문제였습니다만 전쟁이 그치고 우리아가 돌아오기를 기다리던 밧세바에게도 두려운 문제가 생겼습니다. 임신 증세가 나타난 것입니다.

처음에는 월경 불순이거니 생각했습니다. 그런데 몸에 이상이 생겼음이 틀림없었습니다. 밧세바는 생각이 복잡해지기 시작했습니다. 왜 임신을 했을까 하는 생각 때문입니다. 분명 왕을 만났을 때는 바로 경수가 끝난 때였습니다. 임신 가능성이 전혀 없는 때 만났던 것입니다. 경수가 그친 후였는데 아니 바로 그날 밤이었는데... 임신이라니! 도무지 믿기지 않았습니다. 그러나 임신이 분명했답니다!

밧세바는 왕궁으로 사람을 보냈습니다. 직접 다윗 왕을 만나고 싶었습니다만 사람을 보내는 것이 나을 것 같다는 생각에서였습니다. 다윗은 그를 반갑게 맞이했습니다. 그가 다윗 왕을 조용히 따로 만나기를 청했습니다. 다윗 왕은 자신의 밀실로 그를 데리고 들어갔습니다. 밧세바가 보낸 사람은 그녀가 전하라는 말이라고 하면서 아주 작은 소리로 이렇게 전했습니다.

"밧세바가 잉태하였답니다!"

『여인이 잉태하매 보내어 다윗에게 고하여 가로되 내가 잉태하였나이다 하니라』(:5)

다윗 왕... 가슴과 명치 끝이 갑자기 막히더니 등에서 식은땀이 흘렀습니다. 그럴 리가 없었습니다. 그날 밤 분명 밧세바에게서 들은 이야기가 있었습니다. 경수가 그친 후 그날 오후에 정결케 하기 위해 목욕했다는 말을. 그런데 임신을 했다니요? 임신... 도무지 믿을 수가 없었습니다.

하나님께서 왕이 조심해야 할 것을 신명기에 말씀해 놓으셨습니다.

첫째는 말(馬)을 얻기 위해서 애굽으로 내려가지 말라는 것입니다.

말(馬)은 힘을 의미하는데

하나님보다 세상을 의지하지 말라는 경고입니다.

다윗은 말(馬)을 의지하지 않았습니다.

창이나 칼이나 세상 무기 어느 것도 의지하지 않은

훌륭한 왕이었습니다.

철저하게 하나님만을 의지했습니다.

두 번째는 자신을 위하여 은(銀)이나 금(金)을 쌓아두지 말라는 명령입니다.

다윗은 전쟁에서 수 많은 은금(銀金)을 얻었습니다만
모두 하나님께 바치는 훌륭한 행위를 했습니다.
세 번째는 아내를 많이 두지 말라는 명령이었습니다.
그런데 다윗은 이 부분에서 실패했습니다.
그는 너무 많은 아내와 첩을 두었습니다.
그는 육신적인 정욕을 이기지 못한 슬픈 왕이었습니다.

다윗은 훌륭한 성품의 왕이었습니다.
그는 마음이 항상 하나님께로 가 있었고
물질의 문제도 깨끗했고
남을 배려하는 마음 또한 아름다웠습니다.
그런데 처음부터 우리가 우려하던 것이 있었습니다.
그것은 그가 여인을 너무 많이 두고 있다는 거였습니다.
마음에 드는 여인이라면
앞뒤 가리지 않고 자신의 품에 넣는 것
그것이 불안했었습니다.
그런데 결국 그는 여자로 인한 난처함에 이르고만 것입니다.

정욕의 문제를 해결하기 위해서 여인을 많이 둡니다.

그런데 여인을 두면 정욕의 문제가 해결되는 것이 아니라

오히려 더욱 정욕의 사람이 되어 간답니다.

2 삼하 11:6-13

손바닥으로 태양을 가리는 처절함

다윗 왕은 허둥댔습니다. 생각이 많았습니다. 잘못했다는 뉘우침 때문이 아니었습니다. 왕으로서의 체면에 결정적인 손상이 입혀질 것에 대한 두려움 때문이었습니다. 우리아는 물론 엘리암, 아히도벨 그리고 그밖의 사람들에게 비춰질 자신의 모습 때문이었습니다. 훗날, 이 때의 괴로움을 이렇게 기록하고 있습니다.

『내가 토설치 아니할 때에 종일 신음하므로 내 뼈가 쇠하였도다 주의 손이 주야로 나를 누르시오니 내 진액이 화하여 여름 가물에 마름같이 되었나이다』(시 32:3-4)

다윗은 말라가고 있었습니다. 잠을 이루지 못했습니다. 음식 맛도 없었습니다. 머릿속에는 온통 임신한 밧세바에 대한 생각이었고 망신스러움에 대해 피할 길을 발견하지 못한 고통뿐이었습니다. 누가 이 고통을 알 수 있었겠는지요? 이 고통은 누구와 이야기할 수 있는 것도 아니었습니다. 오랜 세월 동안 친구 아히도벨이 어려울 때마다 상담자였고 해결사였으며 모사(謀士)였는데 이 일만은 그에게 이야기할 수 없는 일입니다. 나단에게? 그는 하나님의 사람으로 언제나 정의(正義) 편에 있는 무서운 사람입니다. 누구에게 상담을 해야 하는가요? 누구에게 지혜를 구해야 하나요? 아무도 없었습니다. 고통이었습니다.

다윗은 자신의 잘못을 모르고 있습니다.
단지 재수 없게(?) 임신이 되었다는 것입니다.
그에게 하나님의 마음을 헤아리는 마음이 없습니다.
그는 율법을 어긴 것에 대하여
(하나님이 아닌 사람들에게서)
받을 비난이 두려울 뿐이었습니다.

사람들은 잘못을 인정하고 고백을 하면
문제가 일파만파로 복잡해질 것이라고 생각합니다.
그래서 문제를 숨기려고 하고 변명하려 합니다.
그런데 그렇지 않습니다.
단순하고도 쉽게 매듭을 지으려면
숨기려 하지 말고

하나님께 잘못을 말하고 용서를 구하는 것입니다.

그것이 가장 빠른 치유 방법입니다.

돌파구가 없었습니다. 임신했다는 소리에 모든 생각이 집중될 뿐입니다. 문제를 풀기 위해 고민될 뿐입니다. 그러다가 떠오른 생각이 있었습니다. '밧세바의 뱃속에 있는 아이를 우리아의 아이로 만들어야겠다'는 생각이었습니다. 가장 깨끗하고 후유증이 없는 방법이었습니다. '그렇다면 어떻게 밧세바가 임신한 아이를 우리아의 아이로 만들 수 있단 말인가? 우리아는 지금 몇 달째 요압과 함께 암몬과의 전쟁터에 있는데...'

암몬의 랍바성 전쟁터입니다. 전쟁이 치열하게 진행되고 있는데 왕궁으로부터 사람이 왔답니다. 왕궁에서 온 신하는 격려 차원에서인지 군사들을 위한 여러 가지 위문품들을 가지고 나타났습니다. 싸움중에 있던 군사들의 사기가 올라갔고 다윗 왕을 찬양했지요. 위문이 끝난 후 다윗 왕이 보낸 신하는 요압과 독대를 하였습니다. 다윗 왕의 이름으로 격려의 말을 하고는 왕께서 「우리아」 장수를 부른다는 말을 했답니다.

요압 장군은 전쟁터로 사람을 보내 싸움중에 있는 우리아를 불렀습니다. 그리고는 왕의 명령이니 예루살렘에 다녀오라고 했답니다. 우리아는 요압 장군에게 무슨 일인지를 물었지만 임금의 명령이라는 것밖에는 아무 말도 해 줄 수가 없었습니다. 우리아는 왕이 보낸 신하와 함께 예루살렘 왕궁으로 갔답니다.

『다윗이 요압에게 기별하여 헷 사람 우리아를 내게 보내라 하매 요압이 우리아를 다윗에게로 보내니』(:6)

다윗은 원래부터 연기에 소질이 있었습니다. 전에 사울에게 쫓길 때 블레셋의 아기스 왕 앞에서 미친 척 하면서 아기스 왕을 속인 연기꾼이었습니다. 그 실력(?)을 가지고 우리아에게 능청을 떨기 시작했답니다. 아주 친절히. 몇 달 동안 계속되는 암몬과의 전쟁에 관한 소식을 자세히 물었습니다. 요압 장군은 물론 군사들의 안부도 물었습니다.

"오, 우리아 장군! 내 그대의 남다른 충정 소식을 들어 알고 있소. 암몬과의 전투에서도 대단한 공을 세우고 있다 하더이다. 정말 훌륭하오. 요압 장군도 잘 있겠지요? 지금 전쟁도 잘 진행된다고 들었소. 들은 대로 승전의 소식이 계속 올 줄 믿어 의심치 않소. 군사들의 고생이 마음 아픕니다만 다 국가를 위한 일이니 고마울 뿐이요."

『우리아가 다윗에게 이르매 다윗이 요압의 안부와 군사의 안부와 싸움의 어떠한 것을 묻고』(:7)

다윗의 연기는 자신을 신(神)처럼 받들어 숭배하는 어린 장수 우리아를 속이기에 부족하지 않았습니다. 훌륭한 음식을 준비했습니다. 그러면서 국가를 위해 목숨을 바쳐 싸우는 동안 수고가 많았다고 격려했습니다. 우리아와 같은 용장들로 인해 나라가 든든히 서가고 있다고 극찬을 하는 것입니다. 우리아는 다윗 왕의 따뜻하고 세심한 관심에 감동을 받고 있을 뿐입니다. 우리아는 마음속으로 이렇게 친절한 다윗 왕을 위해 목숨을 바치겠다고 다짐해 봅니다. 다윗은 자신이 지은 죄악을 감추기 위해 자신을 위해 목숨을 아끼지 않는 신하를 속이고 있습니다. 이런 것을 파렴치하다고 하는 거지요. 전쟁 상황에 관한 걱정을 하는 임금님, 싸움중에 있는 군사들을 걱정하는 임금님, 이 임금님에게 우리아는 감동하고 있었답니다.

우리아는 전쟁터의 상황을 낱낱이 보고했습니다. 우리아의 보고를 들은 다윗 왕은 고맙다고 하면서 기왕 전쟁터에서 빠져나온 김에 며칠 쉬었다가 가라고 합니다. 게다가 신혼중에 전쟁터에 나갔으니 그 마음 갸륵하다고 하면서...

전쟁중의 규례

이스라엘 사람들은 전쟁중에 성관계를 갖지 않는다는 것이 율법의 해석입니다. 이것은 신명기 23장 9-10절에 기록된 전쟁중의 규례에 대한 말씀을 해석한 것입니다. 『네가 대적을 치러 출진할 때에 모든 악한 일을 스스로 삼갈지니 너희 중에 누가 밤에 몽설함으로 부정하거든 진 밖으로 나가고 진 안에 들어오지 아니하다가』 이 말씀을 근거로 전쟁중에는 성관계를 하지 않는 것을 원칙으로 했던 것입니다. 그래서 다윗이 사울에게 쫓겨 다니던 중 아히멜렉에게 가서 떡을 구할 때 제사장이 여인과 가까이 하지 않았다면 떡을 주겠다는 말을 한 것입니다(삼상 21:5). 전쟁중에 성관계를 피하는 것, 이것이 이스라엘 사람들의 규례였답니다.

충신이라고 하면서... 특별 휴가를 준답니다! 집에 가서 아내 밧세바와 즐거운 시간을 보내고 다시 전쟁터로 가라네요!

『저가 또 우리아에게 이르되 네 집으로 내려가서 발을 씻으라 하니』(:8상)

특별 휴가였습니다. 왜냐하면 전쟁중에 있는 사람은 성(性)관계를 갖지 않는다는 것이 일반적인 율법 해석이었기 때문입니다. 다윗도 이것을 알고 있었습니다. 그러나 지금은 율법이나 규례를 따질 때가 아닙니다. 율법을 버리고 선한 척 하면서라도 밧세바로 하여금 우리아의 아이를 임신한 것처럼 만들어야겠다는 일념뿐이었습니다.

"이보게 우리아, 오늘 밤은 집에 가서 푹 쉬게나. 내 듣자니 전쟁터에 나가기 얼마 전에 결혼을 했다고 들었네. 꽃다운 아내가 자네를 얼마나 기다리겠는가? 그러니 오늘 밤은 모든 걸 잊고 푹 쉬게나. 내 자네에게 주는 특별한 은혜라이! 알겠는가?"

우리아에게 집으로 가랍니다.

"전하, 성은(聖恩)이 망극하옵니다. 허나 지금 소장은 전쟁터에서 왔나이다. 비록 신혼중에 전쟁터로 갔사오나 나라의 일이 우선이기도 할 뿐 아니라 동료들이 죽음에 직면해 있는 상황이옵니다. 전하의 크신 은혜에 감사하오나 전쟁이 끝난 후에 집에 돌아갈 것이니 괘념치 마시옵소서!"

우리아가 「괜찮다」고 하고 있습니다. 임금의 관용에 감사할 뿐이라고 하면서 사양을 합니다.

다윗 왕은 계속 거부하는 충신 우리아 때문에 마음이 편치 않았습니다. 그래서 술을 먹였습니다. 아주 많이... 취하도록... 아주 곯아떨어지도록 먹였답니다. 정신을 차리지 못할 때쯤 되자 집으로 가서 쉬랍니다. 우리아가 취기 가운데서도 말했답니다.

"전하, 내 어찌 전하의 은혜를 입은 사람으로 집으로 들어갈 수 있겠습니까? 소인은 가지 않을 것입니다!"

그리고는 쓰러졌답니다.

술기운에 쓰러진 우리아를 본 왕 다윗은 신하를 불러 「할 일」을 시켰습니다. 그를 그의 집으로 데리고 가라는 거였습니다. 신하는 우리아를 들쳐 업고 왕궁을 빠져나갔지요. 그렇게 나가는 걸 보고 다윗 왕은 긴 안도의 한숨을 내쉬었답니다. 우리아를 따라 음식도 푸짐하게 보냈답니다. 술은 물론이구요. 일이 제대로 되어가는 것을 보면서 다윗은 비로소 한시름 놓았습니다. 오랜 만에 편안한 잠을 잘 것 같았습니다.

신하의 등에 업혀있는 우리아는 술기운임에도 불구하고 다윗 왕의 자신을 향한 사랑에 감격하고 있을 뿐입니다. 그러면서 결심했습니다. 다윗 왕을 위해 생명을 아낌없이 바치겠노라고...

다윗 왕이 침대에 편히 누워 우리아가 집에 도착해 누웠을 거라는 상상을 하고 있을 땝니다만 궁궐 밖은 그렇지 않았습니다. 신하의 등에 업혀 궁을 나온 우리아는 밖에서 부는 찬바람과 신선한 공기에 술기운이 달아났습니다. 술에서 깨어나 자신을 업은 사람에게 말했습니다.

"이보게나, 그만 날 내려놓게나. 나 술 다 깼어! 미안하이. 바람이 시원해 좋구먼! 고맙네."

그러면서 말했습니다.

"전하의 마음이 너무 고맙구먼, 나 같은 놈에게 은혜를 베푸는 것이 너무도 감사하이! 내 전하의 마음을 왜 모르겠나. 그러나 그렇다 해도 나는 집에 들어갈 수 없네. 내 전우들이 전쟁터에서 싸우고 있는데 내가 어찌 아내와 따뜻한 밤을 지낸단 말인가? 그리고 전하에 대한 예의도 아니고..."

그러더니 우리아는 왕궁 문에서 왕 계신 처소를 향하여 큰 절을 올리고 그 자리에 눕는 것입니다. 우리아를 업었던 신하는 왕을 존경하는 진심어린 우리아의 마음을 알았는지 그렇게 하라고 내버려 두었답니다.

예쁜 밧세바 생각도 났습니다. 결혼을 하고 얼마 같이 지내지도 못하고 훌쩍 전쟁터로 떠났잖아요. 어린 신부가 적적해하고 힘들어 할 생각을 하니 그녀에게 가고 싶었습니다. 그러나 그럴 수 없었습니다. 왕의 은혜 때문이었습니다. 암몬과의 전쟁중에 있는 요압 장군과 동료들 때문이었습니다. 그런 생각을 하면서 밤을 지새웠답니다.

『저가 또 우리아에게 이르되 네 집으로 내려가서 발을 씻으라 하니 우리아가 왕궁에서 나가매 왕의 식물이 뒤따라 가니라. 그러나 우리아는 집으로 내려가지 아니하고 왕궁 문에서 그 주의 신복들로 더불어 잔지라』(:8-9)

모든 것이 계획대로 잘된 줄 알고 다윗은 오랜만에 편한 밤을 지낼 수가 있었습니다. 초저녁에는 잠을 설쳤지만 그것은 일이 잘되었기 때문에 흥분이 되어서 그런 것이고 새벽녘에는 정말 달콤하고 편안한 잠을 잤답니다. 그리고 아침에 오랜만에 가벼운 몸과 마음으로 상쾌하게 일어났습니다. 얼마 있으면 밧세바와 밤을 지낸 우리아가 찾아와서 고맙다는 인사를 할 것을 생각하면서 말입니다. 다윗의 얼굴에는 남이 모르는 행복한 미소(?)가 흐르고 있었답니다.

신하 한 사람이 다윗 왕께 아뢸 말씀이 있다고 하면서 뵙기를 청합니다. 다윗 왕은 기다리는 사람이 있었습니다. 「들어야 할 보고(報告)」가 있었기에 기분 좋게 그를 맞이했답니다. 이날 아침은 누구든지 상쾌하게 대할 수 있는 기분 좋은 아침이었습니다.

"무슨 일인고?"

다윗 왕의 물음이었습니다. 신하가 대답했습니다.

"전하, 어제 집으로 보낸 우리아 장수가 집에 내려가지 않았사옵니다. 전쟁중에 있는 동료들에게 못할 짓이라고 하면서 성문에서 잠을 잤나이다. 신(臣)이 보기에도 훌륭한 정신을 가진 장수라 생각되옵니다."

『우리아가 그 집으로 내려가지 아니하였나이다』 (:10)

다윗 왕은 미칠 것 같았습니다. 우리아가 집에 가지 않았다니! 한편으로는 아차 싶었습니다. 신하가 지난 밤 우리아의 행방을 알려 주었으니 망정이지 그렇지 않았다면... 우리아가 밧세바와 잠을 잔 줄 알고 다시 전쟁터로 보낼 뻔했기 때문입니다. 그리고 훗날 전쟁이 끝난 다음 우리아가 돌아올 때 임신한 밧세바를 보면서 바로 자신이 특별히 베푼 은혜로 임신한 것이라는 어처구니없는 말을 할 수도 있었을 것이라는 생각 때문이었습니다. 다윗은 가슴이 확 달아올랐습니다. 도무지 침착을 유지할 수가 없었습니다. 일단 우리아를 불러오라고 했습니다. 우리아가 오는 시간 동안 다윗은 고통하고 있었습니다.

"우리아 장군, 어젯밤 집에 내려가지 않고 성문에서 잠을 잤다고? 어찌 그런 일이 있을 수 있느냐? 넌 신혼중에 전쟁터로 간 게 아니냐? 짐이 자네의 충성을 보고 특별한 배려를 했거늘..."

다윗 왕의 따뜻하고도 친절한 말(?)이었습니다.

"전하! 전하의 은혜가 하늘과 같사옵니다. 전하께서 그렇게 마음을 써 주신 것만 해도 소인은 이미 큰 상을 받은 것이옵니다. 게다가 전쟁터에서는 형제들이 피를 흘리면서 싸우고 있고 요압 장군을 비롯한 형제들이 들에서 유숙

하고 있는데 소인이 어찌 집에 들어가 먹고 마시며 아내와 즐길 수 있겠나이까? 이미 제 목숨은 형제들과 같이 있는 것으로 맹세하였으니 괘념치 마시옵소서!"

『우리아가 다윗에게 고하되 언약궤와 이스라엘과 유다가 영채 가운데 유하고 내 주 요압과 내 왕의 신복들이 바깥 들에 유진하였거늘 내가 어찌 내 집으로 가서 먹고 마시고 내 처와 같이 자리이까 내가 이 일을 행치 아니하기로 왕의 사심과 왕의 혼의 사심을 가리켜 맹세하나이다』(:11)

우리는 우리아의 말을 들은 다윗이
하나님께로 나가기를 기대합니다.
더 이상 다윗이 무너지는 것을 원치 않습니다.
지은 죄를 정직하게 자백하고 회개하기를 바랄 뿐입니다.
더 이상 잔꾀를 부리지 않고
더 이상 죄를 피해가려고 하지 않기를 바라는 것입니다.

다윗도 그렇게 하고 싶었을지 모릅니다.
그러나 하나님께 자백하고 항복한다고
무엇이 해결되겠는가 하는 걱정도 했겠지요.
뿌려 놓은 씨앗, 흔적이 있는데...

다윗... 어쩌면
지은 죄를 하나님께 자백하는 것이
중요한 것이 아니라고 생각할 수도 있었겠죠.

하나님과의 문제보다도 사람들에 대한 평판이 두려운 것입니다.
만일 밧세바의 임신이 다윗 자신과 연결되어 있다는 것이
세상에 알려지면
온 땅이 다윗왕을 위선자로 볼 것이고
모두가 다윗에 대하여 등을 돌리고 침을 뱉을 것이
자명하기 때문입니다.
어쩌면 훌륭한 왕으로 알려져 있던 자신이
사람들에게 실망을 줌으로 인해
하나님의 얼굴에 먹칠을 한다는 것,
다윗은 그것을 두려워하고 있는 건지도 모르겠네요.

"어허! 이 사람... 듣던 것보다 충신 중의 충신이로구먼!"

다윗의 능청스런(?) 칭찬이었습니다. 그러면서 말을 계속 이었습니다.

"내 자네의 그 기상과 애국심을 결코 잊지 않으리. 좋아 그런 기상이면 이스라엘 최고의 장수가 될 자격이 있어! 암, 있구 말구! 그래 오늘 밤은 여기서 유하게나. 그리고 다시 전쟁터로 가야지! 가서 싸워야 하지 않겠나! 그 훌륭한 패기로 말이야!"

다윗의 칭찬과 격려에 우리아는 몸둘 바를 몰랐습니다.

"여봐라! 오늘 저녁 충신 우리아를 위해 잔치를 베풀어라! 내 이스라엘 중에 이만한 충신을 만나본 적이 없노라. 우리아가 전쟁터로 가기 전에 내 이

를 위하여 큰 잔치를 베풀고자 하노라!"

저녁때 왕이 베푼 잔치가 벌어졌습니다. 왕 다윗은 우리아를 자신의 옆에 두고 많은 사람 앞에서 극찬을 하였습니다. 왕은 우리아에게 술을 한 잔 따라 주었습니다. 왕이 따라 준 술을 입에 댄 우리아는 한 모금 마시면서 독한 술임을 알 수 있었습니다. 머리가 핑 돌았습니다만 왕이 따라 준 술을 마다할 용기가 없었습니다. 한 잔 다 마셨습니다. 임금은 잔을 비운 우리아에게 이번에는 또 다른 이유를 달면서 잔을 채웠습니다.

"이번 잔은 전쟁터에 있는 내 사랑하는 부하들을 위한 잔이라네! 그들의 안전과 이스라엘의 평화를 위하여 한잔 들이키게나!"

우리아는 거절하지 못했습니다. 그런데 또 한 잔의 술이 권해지는 것입니다. 그러더니 임금이 함께 동석(同席)한 신하들에게 명령을 내립니다.

"이보게들, 이스라엘 최고의 충신 우리아 장수에게 술 한잔 권하는 것이 예의가 아니겠는가? 한잔씩들 권하게나! 짐이 가장 사랑하는 장수요 용사라구!"

우리아는 거절할 수 없는 술잔을 계속 들이키고 있었답니다.

저녁 늦게까지 다윗 왕은 우리아에게만 술을 퍼 마시게 했습니다. 반면에 다윗 왕은 한 모금의 술도 입에 대지 않았답니다. 혹 자신도 술 마시고 취하게 되면 실수의 소리(?)를 할까봐서 그랬는지... 얼마나 쏟아 부었는지 젊고 강한 장수 우리아였지만, 그리고 왕 앞이었지만 몸을 가눌 수 없었습니다. 그냥 쓰러지고 말았답니다. 다윗 임금의 속마음은 미소 짓고 있었습니다. 조용히 스스로에게 말하고 있었습니다. '이제 됐구나!'라고.

『다윗이 저를 불러서 저로 그 앞에서 먹고 마시고 취하게 하니』(:13상)

신하를 불렀습니다. 만취해 정신을 차리지 못하는 우리아를 업으랍니다. 그리고 충신 우리아를 그의 집으로 데리고 가랍니다. 우리아는 취중에도 집으로 데리고 가라는 임금의 소리가 들렸는지...

"전하, 저는 길에서 잘 겁니다. 동료들이 전쟁터에 있는데 집에 갈 수 없지요!"라고 중얼거렸답니다.

다윗 왕은 취중에 하는 헛소리인 줄 알았답니다. '이보게나, 그런 소리 하지 말고 집에 가서 밧세바와 눕기만 하게나! 그래야 모든 문제가 해결 된다네! 나뿐 아니라 자네와 자네 아내, 모두를 위한 일이야!' 속으로 외치는 다윗의 절규였습니다.

신하의 등에 업혀 밖으로 나온 우리아는 찬바람을 쏘인 탓인지 아니면 왕 앞에서 취한 척 연극을 한 것인지 갑자기 자신을 업은 신하의 등을 떠밀더니 정신 멀쩡한 사람처럼 꿋꿋하게 서는 것입니다. 그러더니 왕궁 경비병들이 잠을 자는 곳으로 걸어갑니다. 그리고 그곳에서 그 날 밤을 보냈답니다.

『다윗이 저를 불러서 저로 그 앞에서 먹고 마시고 취하게 하니 저녁때에 저가 나가서 그 주의 신복으로 더불어 침상에 눕고 그 집으로 내려가지 아니하니라』(:13)

다윗은 우리아의 충성스러움을 잘 알고 있습니다.
하지만 그런 충신을 속여야 하는 자신은 더 괴로웠습니다.
큰 일(?)을 위해서 우리아가 희생을 해야 합니다.
희생해 주기를 바랄 뿐입니다.
밧세바와 잠을 자 주어야 합니다.
우리아가 생각하고 고마워하는 것처럼
왕이 베푸는 특혜가 아닙니다.
우리아의 충성을 빌미로 해서 왕은 자신의 죄를 감추려는 겁니다.
얼마 후 밧세바가 낳을 아이를
우리아가 자기 아이로 알고 평생을 살도록 하기 위한
더러운 음모를 꾸미는 것에 불과했습니다.
『다윗이 저를 불러서 저로 그 앞에서 먹고 마시고 취하게 하니』 (:13상)
다윗의 몸부림입니다.
그러나 하나님은 다윗으로 하여금
계획이 자신의 뜻대로 되는 것이 아님을
이렇게 알려 주셨습니다.

『(그러나) 그 집으로 내려가지 아니하니라』(:13)

술에 취한 우리아가

술 한 모금 입에 대지 않은 다윗보다 경건합니다.

궁궐 안에서는 이유를 분명하게 알 수 없는 큰 잔치가

벌어졌습니다.

굳이 이유를 달자면 야전(野戰)에서 고생하다 돌아온

우리아에 대한 위로와

내일 떠나는 것에 대한 격려의 잔치였습니다만

진실된 이유는 다윗의 마음속에만 있을 뿐입니다.

잔치상의 술은 무척이나 독(毒)했습니다.

한두 잔 정도로도 취하는 독주(毒酒)였습니다.

모두들 흥얼거립니다.

정신을 가다듬지 못할 정도로 신나게 퍼 마셨습니다.

모두들 그랬지만

우리아도 맛이 갈 정도로 취해 있었습니다.

깊은 밤 늦게까지 마셨습니다.

다윗 왕은 침실에 있었습니다만

잠을 이룰 수 없었습니다.

말똥말똥한 정신입니다.

우리아가 그처럼 술에 취해 정신을 못 차리고 있었지만

다윗은 술 한 모금 입에 대지 않았습니다.

우리아가 정신을 차리지 못할 정도까지 되었다는

소리를 들은 다윗은

신하를 불러 아주 친절하게 말했습니다.
내일 전선으로 갈 우리아 장군을 집으로 데려다 주라고.
술에 취한 우리아는 경건하네요.
술 한 모금 입에 대지 않은 다윗보다 훨씬,
아니 비교도 할 수 없을 만큼 경건하네요.
멀쩡한 정신의 다윗은 술만 마시지 않았을 뿐이지
죄악에 취해 헤어나오지를 못하고 있네요.

우리들...
술 한모금 입에 대지 않은 사람들입니다.
그러면서 술 취해 있는 사람을 정죄하고
그들을 향해 얼굴을 찡그립니다.
진정 술 냄새만 풍기지 않을 뿐이지
다윗과 같이 죄 속에서 헤어나지 못하고 있지는 않은지요?
다윗이 입은 옷, 그의 근엄함, 그의 침착함, 그의 술 취하지 않음
그것은 가면(假面)입니다.
그 가면 속에는 죄악이 꿈틀거리고 있답니다.
술 취하지 않은 당신과 내가
술 취한 사람보다 정말로 깨끗하기를 바랄 뿐입니다.

❸ 삼하 11:14-21

우리아를 죽여라

자신의 뜻대로 움직여 주지 않자

다윗은 화가 났습니다. 누구에 대하여 화가 난 건지요? 자신을 향해 화가 난 건지 아니면 자신의 뜻대로 움직여 주지 않는 우리아에 대해 화가 난 건지! 어쨌든 자신의 죄악을 감추기 위해 애를 쓰고 있는데 뜻대로 되지 않는 것 때문에 마음이 뒤틀리고 있는 것만은 분명합니다. 술까지 먹여서 어떻게 하든지 밧세바와 합방시키려 했는데 아니 합방까지는 안 가더라도 밧세바 옆에 눕기만 해도 괜찮겠는데 그것이 이리도 어려운 건지요.

내 뜻대로 되지 않을 때 사람들은 화를 냅니다.

물론 모든 일에 대한 반응은 아닙니다.
좋은 일을 계획했는데 잘 안되면 화가 나기도 합니다.
그러나 그때는 그런대로 하나님의 뜻이겠거니 하면서
침착하게 넘길 수 있습니다.
과도한 욕심을 부려 이익을 보려 한다거나
아니면 쾌락을 즐기려 했는데
잘 안되면 화도 나지만 양심에 찔려
하나님의 막으심이라고 하면서 넘길 수 있습니다.

그러나 지은 죄를 감춰야 하겠는데
그게 잘 되지 않는 경우에는 다릅니다.
하나님의 뜻이겠거니 하기에는
죄가 드러나면 너무 파장이 크기에 화가 나는 것입니다.
다윗은 자신의 잘못을 알고 있습니다.
그러나 드러나서 좋을 것이 없다는 것을 압니다.
자신은 물론이요 밧세바에게도 타격이 큽니다.
국가적인 타격도 있고
가장 중요한 것은 하나님의 이름에 먹칠을 한다는 것(?)이
자신의 죄를 은폐해야 하는 신앙적 이유(?)입니다.
그런데 이것이 뜻대로 안 되기에 화가 나는 것입니다.

대의(大義)를 위하여 우리아를 죽여야겠다는 생각이 들었습니다. 그래서 결정한 것이 (일이 시끄러워지지 않도록 하기 위하여) 우리아 살해 음모였습

니다.

우리아는 다윗 왕을 존경했습니다. 그런데 다윗은 자신을 존경하는 신하를 자신의 죄를 감추기 위한 희생 제물로 만들려 합니다. 나름대로 명분이 있었을 것입니다. 처음에는 자신의 죄를 은폐하기 위한 거였지만 시간이 지날수록 우리아 살해에 대한 명분을 분명히 했습니다. 자신의 그런 행위가 드러나면 국가에 문제가 생기고, 통치에 문제가 생긴다는 명분이었겠죠.

자신과 이스라엘을 위해 전쟁터로 돌아가는 우리아의 손에 요압 사령관에게 주는 왕의 친서를 쥐어 주었습니다. 왕의 친서를 받은 우리아는 존경하는 왕에게 경의를 표하고 곧바로 말을 타고 전쟁터로 향했습니다. 암몬 땅으로 달리고 있는 우리아는 왕이 보내는 친서를 품에 품고 혹 잃어버릴까, 혹 손상되진 않을까 하여 가슴 속 가장 깊은 곳에 품었답니다. 말을 타고 가면서 다른 것은 잃어버린다 하더라도 왕의 친서는 생명같이 여기면서 달려갔습니다. 쉴 때도 확인했습니다. 잠잘 때도 확인했습니다. 식사할 때도 확인했습니다. 물 마실 때도 확인했습니다. 왕께서 친히 쓰신 글을 요압에게 전하는 것이 그의 기쁨이었습니다. '군마(軍馬)야, 달려라! 이스라엘의 성군 다윗 왕께서 손수 쓰신 글을 가지고 간다!'

그 글에 무엇이 적혀 있는가는 생각해 볼 필요도 없었습니다. 선하고 백성들을 사랑하며 하나님을 사랑하는 다윗 왕께서 최고 사령관인 요압에게 보내는 글은 펴보지 않아도 선한 내용으로 가득 차 있을 것이 분명하기 때문입니다. 그런데 우리아의 따뜻한 피가 흐르는 가슴 속에 있는 편지는 우리아의 심장에 칼을 박히게 하라는 살인 명령이었답니다.

『너희가 우리아를 맹렬한 싸움에 앞세워 두고 너희는 뒤로 물러가서 저로 맞아 죽게 하라』(:15)

『저로 맞아 죽게 하라!』
정상에 있는 사람이 하고 있는 일입니다.
그렇게 편지를 쓴 다윗을
모두가 선하다고 합니다.
그는 그렇게 살아왔습니다.
자신을 모함하고 자신을 향해 창을 던지고
자신을 죽이기 위해 수천 명의 사람들을 풀어놓아
이스라엘 땅에 발을 붙이지 못하게 하려 했던 사울을
죽일 수 있는 기회가 있음에도 불구하고
그의 생명을 존귀히 여겼던 다윗입니다.
그런데 그렇게 선한 사람이 지금 하고 있는 일을 보세요.
아무런 죄가 없는 사람을
아니, 자신에게 목숨을 내놓고 있는 사람을
죽이려고 하고 있습니다.
그 사람의 손에 죽음의 편지를 쥐어 주면서 말입니다.
얼마나 잔인한지요.

내가 떳떳할 때는 억울한 일을 당해도 참을 수 있습니다.
내가 음모자들의 목표물일 때는 견뎌냅니다.
기도하면서 하나님을 신뢰합니다.
왜냐하면 하나님께서 의로운 자 편에 계심을 믿기 때문입니다.
이때 음모로 죽는다 하더라도 죽겠다고 마음먹습니다.
역사는 정직한 사람이 희생되었다고 정직한 판결을 할 것이고
하나님도 그 죽음을 값지게 보신다는 믿음 때문입니다.

그런데 다윗은 지금 그렇지 않습니다. 음모를 꾸민 겁니다.
자신의 문제가 발각되면
하나님이 인정하지 않으시는 것은 물론이요
역사에 있어서 두 얼굴을 가진 파렴치한 왕으로
남을 것이기 때문입니다.
죄인으로 남기 싫어서 행한 음모입니다.
『저로 맞아 죽게 하라!』
그래요. 우리아가 죽으면 됩니다.
우리아가 죽으면 모든 것이 잠잠합니다.
우리아가 죽으면 모든 것이, 많은 사람이 편안해집니다.
그런데... 하나님도 편안하실까요?

다윗의 편지를 품고 달린 우리아가 암몬과 대치하고 있는 전쟁터에 도착했습니다. 최고 사령관인 요압 장군에게 가서 무릎을 꿇어 예의를 갖추고 복귀 신고를 했습니다. 예루살렘과 왕실의 평안함, 다윗 왕의 격려를 전했습니다. 그

리고 다윗 왕이 친히 쓰신 편지를 품에서 꺼내 요압 장군께 정중히 드렸습니다. 다윗 왕의 편지는 우리아의 가슴 온기로 따뜻했답니다. 요압은 그 자리에서 편지를 뜯었습니다. 글은 길지 않았습니다. 아주 짧았습니다.

『너희가 우리아를 맹렬한 싸움에 앞세워 두고 너희는 뒤로 물러가서 저로 맞아 죽게 하라』(:15)

요압은 읽은 편지를 신속하게 접어서 자신의 군복 깊은 곳에 조심스럽게 넣었습니다. 혹시 편지가 땅에 떨어지거나 잘못해서 분실되어 다른 사람이 읽으면 안 되었기에 요압은 확인 또 확인하면서 품 속 깊이 넣었습니다. 그걸 보고 있던 우리아는 왕이 주신 글이 무척이나 중요한 내용이로구나 하며「중요한 일」을 했다는며 뿌듯해했답니다.

저녁에 요압은 우리아의 궁궐 다녀옴을 격려하면서 잔치와 함께 향후 전투 작전 회의를 한다는 명분으로 장수 회의를 소집했습니다. 요압은 고통스러웠습니다. 그는 우리아가 어떤 인물인지를 잘 알고 있었습니다. 우리아는 훌륭한 군인이었습니다. 그는 이스라엘 사람이 아닌 헷 사람이었으나 이스라엘 사람보다도 훨씬 다윗 왕을 존경하고 다윗에게 충성하는 사람이었습니다. 그는 다윗 측근의 몇 안 되는 용맹한 장수들 가운데 한 사람이었습니다. 얼마 전에 밧세바라는 아름다운 여인과 결혼한 신혼의 청년이었습니다. 꿈이 있고 성실하고 충성스럽고 장래가 촉망되는 젊은 장수입니다. 그런데 그를 죽이라는 다윗 왕의 편지를 받은 것입니다.

저녁 회의 시간입니다. 모두들 우리아의 복귀(復歸)를 부러워하기도 하고 한편으로는 예루살렘의 소식을 듣는 것이 화제였습니다. 즐거움의 시간들입니다. 요압도 웃고 있었습니다. 그러나 그의 마음 속에는 다윗 왕의 명령을 어떻게 지켜야 하는가에 대한 고통이 있었습니다. 요압의 마음은 갈등으로 범벅이 되어 있었습니다. '왜 그를 죽이라고 한 것인가? 왜?'

요압 사령관이 이끄는 작전 회의는 모인 장수들이 전혀 예측할 수 없는 방향으로 움직였습니다. 누가 들어도 무모한 전투 작전을 세우는 것입니다. 아군(我軍)의 희생이 클 것이 뻔합니다. 모두들 반대하는데도 요압은 그 무모하고 승산없는 작전을 밀고 나가는 것입니다. 요압 장군은 제정신이 아닌 것 같았습니다. 무엇엔가 홀린 사람처럼 무모한 작전을 명하고 있었답니다.

작전 회의를 주도해가는 요압의 생각이 틀렸기에 모두들 반대했습니다. 그러나 요압은 장수들의 반대를 무시하고 강압적으로 밀어붙이고 있었지요. 그런데 우리아가 나섰습니다.

"장군! 그 작전은 너무 무모합니다. 아군의 생명만 희생될 뿐입니다!"

우리아의 나섬은 요압의 가슴을 철렁 내려앉게 했습니다. 요압의 계획은 작전의 선봉에 우리아를 내세우는 것이기 때문입니다. 그래서 우리아를 적에 의하여 장렬하게 전사시키는 것이기 때문입니다. 요압은 양심의 찔림이 있었지만 단호히 무시해 버렸답니다.

작전이 세워졌습니다. 암몬 족속의 랍바 성(城)을 치고 올라간다는 것이었습니다. 그리고 그 선봉(先鋒)에는 우리아 장수가 지휘하는 부대가 설 것을 지시했습니다. 선택이나 의논은 없습니다. 요압의 명령뿐입니다.

"우리아의 부대가 선봉에 선다!"

요압은 그런 명령을 해놓고는 미안했는지 우리아에게 다시 말을 했습니다.

"우리아, 내가 세우는 작전이 약간은 무모한 것 같으나 전혀 그렇지가 않아! 아마 암몬 놈들도 우리가 이런 작전을 세울 것이라고는 상상도 못할 거라네. 그렇기에 상식 밖의 전략으로 저들의 허를 찌르겠다는 거야. 나를 믿게나. 그리고 자네가 선봉에 서서 적을 혼란시켜 주게. 물론 조심해야 한다네. 잘못하면 큰 희생이 따를 수도 있으니깐!"

요압은 우리아의 부대가 출전하는 장소가 가장 맹렬한 곳인 줄 알고 있었습니다. 아니 그런 곳이기에 그를 그곳에 선봉으로 세운 겁니다. 그리고 그곳에서의 싸움은 패할 수밖에 없다는 것도 알고 있었습니다. 많은 군사들이 죽을 것이고 우리아도 죽을 수밖에 없는 곳임을 알고 있었습니다. 아니 우리아가 반드시 그곳에서 죽어 주어야 했습니다.

우리아는 사령관인 요압의 명령을 더 이상 거부할 수 없었습니다. 그리하여 사랑하는 부하들을 이끌고 랍바 성(城) 가까이에 조심스럽게 다가갔습니다. 전투는 예상했던 대로 암몬 족속의 일방적인 공격이었습니다. 이스라엘의 군사들은 활 한번 제대로 쏠 수 없었습니다. 성(城) 위에서 쏟아 붓는 화살로 인해 수많은 군사가 쓰러졌습니다. 우리아도 죽었답니다. 그날 전쟁은 그렇게 끝이 났습니다.

> 『요압이 그 성을 살펴 용사들의 있는 줄을 아는 그곳에 우리아를 두니 성 사람들이 나와서 요압으로 더불어 싸울 때에 다윗의 신복 중 몇 사람이 엎드러지고 헷 사람 우리아도 죽으니라』(:16–17)

우리아가 죽었습니다. 그는 죽을 때도 다윗을 위하여 아낌없이 목숨을 내던졌습니다. 자신이 존경하는 다윗 왕을 위하여 희생했습니다. 다윗이 자신의 아내 밧세바를 취했다는 것도 모르고, 다윗이 자신을 그렇게 죽도록 명령한 사실도 모르고 그는 죽었답니다.

패배한 이스라엘 진영에는 속상함과 슬픔이 있었습니다. 철저하게 패배를 한 랍바 성 전투, 모두가 말리는 데도 그런 전투를 강행시킨 총사령관 요압, 그는 비통해 하면서도 전투에서의 패배를 다윗 왕에게 알리기 위하여 급히 사자를 보냈답니다. 예루살렘으로 가는 사자에게 몇 가지 말을 주었습니다. 다른 보고도 중요하지만 왕께서 사랑하고 아끼시는 장수 우리아도 죽었다고 전하랍니다. 꼭!

『네가 말하기를 왕의 종 헷 사람 우리아도 죽었나이다 하라』(:21)

우리아는 전쟁터에서 전사(戰死)한 것이 아닙니다. 이스라엘 대부분의 군사들과 사람들은 그가 이스라엘과 다윗 왕을 위하여 장렬하게 순국전사(殉國戰死)한 것으로 알고 애도했답니다. 그러나 요압은 알고 있습니다. 그의 죽음은 순국전사(殉國戰死)로서의 죽음이 아니라 살해된 것임을. 우리아의 죽음은 힘 가진 권력자가 만들어낸 횡포의 희생물임을 요압은 알고 있었습니다. 살인자는 죽은 우리아가 그토록 존경하는 다윗 왕이었음을, 그리고 그 증거, 「다윗 왕이 보낸 비밀스런 편지」를 요압은 가지고 있었답니다.

4 삼하 11:22-25

거짓 안식

암몬 땅에서 예루살렘으로 달리고 있는 요압의 사자는 예루살렘에 가까이 다가갈수록 마음이 무거웠습니다. 패배의 소식은 물론 군사력의 손실과 장수 우리아의 전사 소식을 왕에게 전해야 했기 때문입니다. 다윗 왕은 전쟁에 대하여 도(道)가 튼 사람이었습니다. 이번 전쟁의 패전에 대해 들으면 분명 불호령이 내려질 것이 뻔하기 때문입니다. 사자는 무거운 마음으로 예루살렘 왕궁에 도착했답니다.

암몬 땅에서 싸우고 있는 요압 장군의 진영에서 사자(使者)가 왔다고 합니다. 다윗은 가슴이 뛰었습니다. 갑자기 많은 생각이 났습니다. '편지가 제대

로 전해졌을까? 우리아가 가면서 혹시 뜯어본 것은 아닐까? 요압이 실패하지 않았을까?'

전쟁에서 온 사자가 다윗 왕께로 인도되었습니다. 다윗 왕은 우리아의 신상에 관하여 빨리 듣고 싶었습니다. 그러나 내색하지 않았습니다. 요압의 소식을 가지고 온 사자는 불행한 보고를 합니다. 다윗은 안타까운 듯이 얼굴을 찌푸리고 듣고 있습니다만 사실은 우리아에 관한 소식만을 기다리고 있을 뿐입니다. 한참 동안 패전의 슬픔을 전하고 있던 신하가 드디어 듣고 싶은 말, 기다리고 있는 말을 하는 겁니다.

"전하! 불행하게도 이번 전쟁에서는 왕께서 그리도 아끼시던 장수 우리아가 전사했나이다. 통촉하시옵소서!"

『왕의 신복 중 몇 사람이 죽고 왕의 종 헷 사람 우리아도 죽었나이다』(:24)

다윗의 마음이 시원해지는 순간이었습니다. 복음(?)이었습니다. 모든 것이 해결된 기쁨(?)이 한꺼번에 밀려왔습니다. 오랫동안 체했던 것이 한꺼번에 쑥 내려가는 것 같았습니다!

전쟁터의 패전 소식을 들은 다윗 왕... 여느 때 같으면 전쟁의 작전이 어땠기에 패했냐는 둥 몇 명이 죽었냐는 둥 하면서 따지기도 하고 화를 내기도 했겠습니다만 이번에는 그러지 않았습니다. 아주 조용했습니다. 그리고 인자(?)

했답니다. 전쟁에서 사람의 목숨을 숱하게 잃었다는 보고를 받았음에도 아끼던 장수를 잃었다는 보고를 받았음에도 전쟁을 패했다는 보고를 받았음에도 불구하고 너그러웠답니다.

"안타까운 일이구먼. 요압 장군은 명장(名將) 중 명장인데 랍바 성 전투에서 패하다니 이해가 가지 않는구먼. 그러나 전쟁은 이길 때도 있고 질 때도 있는 게 아니겠나. 군사들이 많이 희생되었다니 가슴이 아프네 그려. 그렇다고 슬퍼만 하고 있을 수는 없지 않은가? 가서 요압 장군에게 이르게나. 이번 패전을 거울삼아 다시 군사를 정비하여 다음 번에는 꼭 승리를 쟁취하라고 말이야! 또한 모든 군사들에게도 전하게. 용기를 잃지 말고 최선을 다해주길 바란다고! 수고했네."

『다윗이 사자에게 이르되 너는 요압에게 이같이 말하기를 이 일로 걱정하지 말라 칼은 이 사람이나 저 사람이나 죽이느니라 그 성을 향하여 더욱 힘써 싸워 함락시키라 하여 너는 저를 담대케 하라 하니라』(:25)

너무 선한 사람(?), 다윗
사람을 잘도 속이고 있네요. 양심의 가책을 억누르면서
인자한 사람인 척, 너그러운 사람인 척,
잘도 하고 있습니다.
얼마나 불안했겠는지요. 얼마나 고통스럽겠는지요.
자신이 한 짓임을 감추려는 그 고통 말입니다.

그런데 요압이 알고 있잖아요.

요압이 죽을 때까지 입을 다물어 주면 좋겠는데...

모르는 일이잖아요.

점점 더 불안해집니다.

죄는 회개해야 합니다.

죄는 또 다른 죄를 만드는 속성이 있답니다.

죄는 사람을 구석으로 몰고 가는 속성이 있답니다.

죄는 사람으로 하여금 피를 말리는 속성이 있답니다.

죄는 생명력이 있습니다.

그래서 더 번식하고 자란답니다.

죄는 절대로 가만있지 않아요. 자란답니다.

그러므로 지금! 끊어야 하는 것입니다!

5 삼하 11:26-27

악의 선상(線上)에서

우리아가 전쟁터에서 전사했다는 소식이 밧세바에게도 전달되었습니다. 신혼의 꿈에서 깨어나기도 전에 남편 우리아는 전쟁터에 나갔습니다. 그가 돌아오지 않는 동안 잠시 왕의 품에 안겼었습니다만 그래도 그가 속히 돌아오기를 기다렸습니다. 미안한 마음이지만 그래도 기다리고 있는 중이었는데... 임신이 된 것입니다. 남편의 아이는 아니구요. 그럼 분명 다윗 왕의 아이인데... 남편을 기다림이 두려움으로 바뀌었답니다. 남편이 전쟁을 끝내고 돌아오면 실망할 것이 분명합니다. 아니 실망보다 더 큰 일이 일어날 것임을 예측하는 것은 어렵지 않았습니다. 아무리 변명을 한다 하더라도 뱃속에 있는 아이에 대하여는 속수무책이었습니다.

다윗 왕의 아이입니다. 그렇다고 다윗 왕의 아이라고 말을 할 수도 없습니다. 고통이 커져갔습니다. 잠도 오질 않았습니다. 음식 맛도 없었습니다. 그렇게 한숨 쉬며 하루하루를 지내고 있을 때입니다. 본인이 느낄 만큼만 배가 불러올 때입니다. 불러오는 배를 만지며 기뻐하기보다는 두려움으로 가득 차 있습니다. 아니 불러오는 배가 남들의 눈에 비쳐질까봐 천으로 배를 칭여 감고 있었습니다.

군부대에서 사람이 왔습니다. 침울한 표정을 짓고 있던 군사는 편지를 전달하면서 소식을 전해주었습니다.

"우리아 장군께서 지난 날 랍바 성 전투에서 장렬하게 전사하셨습니다."

군사는 돌아갔습니다. 우리아가 죽었다는 소식... 밧세바에게 묘한 감정이 오고 갔습니다. 배를 만지며 긴 한숨을 내쉬었습니다. 이젠 우리아에게 어떻게 변명해야 하나 하는 큰 걱정이 사라진 것입니다. 그러면서도 미안한 생각이 드네요. 한없이 눈물이 흐릅니다. 무슨 말을 하면서 울어야 하는지도 모르고, 어떤 감정을 선택해야 하는지도 모르고 한없이 눈물만 흘리고 있습니다.

그녀의 처절한 흐느낌... 자신의 잘못으로 인해 죽었다는 생각이 들었습니다. 자신이 잘못해서 죽은 거라고... 자신이 죄를 지어서 하나님이 남편의 목숨을 빼앗아 간 것이라는 생각이 들었답니다. '여보, 미안해요! 내가 당신을 죽인 거예요! 내가, 내가 나쁜 년이란 말이에요!' 아무도 알아듣지 못하는 슬픔의 노래였습니다.

『우리아의 처가 그 남편 우리아의 죽었음을 듣고 호곡하니라』(:26)

밧세바의 호곡
(30일 정도 계속 되었습니다. 이스라엘의 관습이니까요.)
그녀의 슬픔 속에 감춰진 것들
그녀는 남편 우리아의 죽음을 어떻게 받아들이고 있는 건지요.
남편이 부담이 되었거든요.
평생 미안해 할 사람이 사라진 것에 대한 다행스러움,
다가오고 있는 광풍이 갑자기 사라진 안도감,
이젠 뱃속에 있는 아이가 죽은 남편의 아이라고 끝까지 주장하면
사람들은 그렇게 믿을 것이고
아이를 낳는다 하더라도 왕 다윗이 몰라라 하지 않을 것이니
생활은 걱정하지 않아도 되는 것이고
게다가 자신의 뱃속에서 자라는 아이가 왕손이라는 생각...
밧세바는 남편의 죽음 앞에서 많은 생각을 하고 있는 거랍니다.
그녀의 눈물속에 있는 의미들을 누가 알겠는지요.
인간, 참 재미있는 존재라는 생각이 듭니다.

다윗 왕은 자신이 아끼는 장수 우리아가 죽었다는 소식을 듣고 왕실의 법도에 어긋나지 않게 장례를 도왔습니다. 또한 미망인(未亡人) 된 밧세바에게 후한 위로금을 주었지요.

그런데 다윗의 마음 속에 더 훌륭한 악행(?)이 생각났습니다. 충신의 아내를 평생 홀로 살게 하는 것보다 그녀의 인생을 책임져 주어야겠다는 생각이었습니다. 충신의 아내가 탐나서가 아니고 순국한 충신에 대한 배려로 그의 아내에게 왕의 후비(后妃)가 되는 은혜(?)를 베풀겠다는 생각입니다.

밧세바와의 결혼식. 밧세바라는 젊은 여인을 아내로 맞이하면서, 다윗은 미묘한 감정들로 혼란스러웠습니다. 밧세바에게 미안하기도 합니다. 죽은 우리아가 생각나기도 합니다. 우리아가 자신으로 인해 죽었기 때문입니다. 그러나 최선의 선택이었다고 자위(自慰)합니다. 죽은 우리아에게는 미안하지만 그 아내 밧세바를 왕후로 맞이하고 있지 않냐고 스스로를 설득합니다. 다윗의 음흉함을 모르는 백성들도 다윗의 관대함을 칭찬합니다. 자기 신하의 죽음을 보고 신하의 가족을 챙겨주는 관대하고 인자한 임금이라고.

많은 사람을 속일 수 있었습니다.
그런데 그날 밤 다윗으로 하여금
목욕을 마친 밧세바를 불러오라고
명령받았던 신하는 어떤 생각을 하면서
이 결혼식을 보고 있을까요?
그날 밤, 다윗과 밧세바의 행동을 지켜보던
신하들이 한둘이 아니었을 텐데
저들은 힘이 없어 입을 다물고 있을 뿐입니다만
생각이야 자유롭게 할 수 있었잖아요.

요압은 이 결혼식을 보면서 어떤 생각을 할까요?

우리아를 죽이라고 한 다윗 왕이

우리아의 아내를 자신의 아내로 맞이하는 걸 보고

그는 알았을 것입니다.

저짓을 하려고 우리아를 죽이라고 했었다는 것을.

그래요.

모두가 밧세바를 아내로 맞이하는 다윗의 결혼식을 보면서

최고 권력자의 일이기에 말을 하지 않았을 뿐

모두 비슷한 마음을 가지고 있었답니다.

하나님도 보고 계셨답니다. 그리고 이렇게 생각하셨답니다.

「다윗의 소위가 여호와 보시기에 악하였더라」(:27하)

우리아는 천국에 갔습니다.

아마도 천사들에게 대단한 환영을 받았을 것입니다.

그리고 천국 문에서 졸지에 과부(寡婦)가 된 밧세바를 생각하며

예루살렘 자기 집을 바라보았겠죠.

역시 밧세바는 울고 있었습니다.

그런데 이상한 것이 발견되었습니다.

밧세바의 뱃속에 아이가 자라고 있는 것입니다.

황당했습니다.

자신이 존경하던 다윗 궁으로 눈을 돌렸습니다.

그리고 그 마음을 보았습니다.

천국에서 우리아는 못 볼 것을 내려다보고 있습니다.

정말 기가 막힌 꼴을 봅니다.

세상에... 이럴 수가!

먼 훗날 왕 다윗도 천국에 갈 것입니다.

그런데 다윗이 천국에서 피해 다녀야 할 사람이 있습니다.

우리아입니다.

천국에서 우리아와 다윗이 만난다면 두 사람의 기분이 어떨까요?

이런 일이 우리에게도 닥칠 수 있겠다는 생각이 듭니다.

당신은 천국에 가면 피하고 싶은 사람이 없으십니까?

보기 싫어서가 아니라

다윗과 같은 일을 했기 때문에 말입니다.

다윗과 밧세바의 화려한 결혼식이 끝났습니다. 혹 밧세바와의 지난 결혼 전의 사건(그날 밤 사건 말입니다)에 대한 말이 있을 수 있겠으나 걱정할 필요는 없었습니다. 가장 난리를 칠 우리아가 죽었기 때문입니다. 다윗은 힘든 문제를 마무리하게 된 것입니다. 시간이 지나면 잊혀질 것을 알고 있었습니다.

밧세바와의 결혼 생활이 시작된 후 몇 달이 안 되어서 그녀가 아이를 출산했습니다. 남자 아이였습니다. 다윗은 오십이 조금 넘은 나이에 젊은 아내에게서 아들을 하나 얻었습니다. 죄로 인해 얻은 아이였지만 그래도 무척 좋았습니다. 밧세바에게 미안한 마음이 있기에 아이가 더 마음 깊은 곳에 자리 잡고 있었답니다.

다윗 왕은 젊은 아내 밧세바와 그녀가 낳은 아들과 함께 인생의 새로운 즐거움을 누리기 시작했습니다. 자신이 저지른 신혼중인 남의 아내 간통 사건을 잊고... 친구의 시집간 손녀를 간통한 사건을 잊고... 그 죄를 감추기 위해 그 남편인 우리아를 죽인 것을 잊고... 자신의 체면 때문에 충신 중의 충신인 우리아를 죽인 것을 잊고... 아니 문득 문득 생각나기도 했지만 이미 끝난 사건이라고 하면서 기억을 지우려고 애쓰면서 지냈답니다.

그는 그런대로, 아니 아주 잘 살고 있었습니다. 그러나 하나님은 젊은 여인과 그리고 그녀가 낳은 아이와 행복하게(?) 살고 있는 다윗에게서 눈을 떼지 않으셨습니다. 하나님은 이렇게 생각하고 계셨습니다.

『다윗의 소위가 여호와 보시기에 악하였더라』(:27하)

첫째 아이가 출생한 후 얼마 되지 않아 두 번째 아이가 태어났습니다. 그리고 얼마 후에 밧세바는 세 번째 아이를 임신하고 있었습니다. 우리아가 죽었을 때의 악몽(惡夢)들은 지나가고 아이를 둘이나 출산하는 시간들이 지나면서 밧세바는 다윗으로부터 많은 사랑을 받고 있었습니다. 다윗도 그때의 그 사건들이 가끔 떠오르기는 했지만 그런대로 과거사(過去事)로 묻으려고 노력하고 있었답니다.

잊어버림이란 계산이 끝났음이 아닙니다.

그 후에 다윗은 어떻게 살고 있을까요?

밧세바와 어떻게 지내고 있었을까요? 우리는 일반적으로 이렇게 생각합니다. 이 죄악 사건 이후로 즉시 나단이 나타나서 다윗을 책망했다는 생각입니다. 그리고 이때 낳은 아이가 저주받아 죽었다고 생각합니다. 그런데 그렇지 않았을 것입니다.

다윗의 밧세바와의 결혼 이후 다윗이 나단을 만난 것은 한참 후의 일이라는 생각입니다. 그리고 결혼 후에 낳은 아이(그 날 밤 죄로 인해 임신되었던 아이)는 7일 만에 죽지 않았습니다.

다음 장에 나오는 (삼하 12장 18절) 죽은 아이는 이 때 낳은 아이가 아닙니다. 적어도 밧세바와의 사이에서 나온 세 번째 아이가 아닌가 하는 생각입니다. 이 말은 밧세바와의 결혼 직후에 낳은 아이는 잘 커갔고 이듬해에 또 다른 아이가 밧세바와의 사이에서 출생했으며 밧세바가 세 번째 아이를 임신했을 때 나단이 나타나서 다윗의 죄를 지적하였는데 그 후 출생된 아이가 죽은 것으로 보는 견해입니다. 그리고 철저한 다윗의 회개가 있은 후 죄에 대한 용서의 표시로 솔로몬(넷째 아이)을 주신 것으로 주석(註釋)합니다. 솔로몬이 밧세바의 네 번째 아이라고 해석하는 근거는 역대상 3장 5절에 나타난 다윗의 밧세바에게서 난 아들들의 명단을 따른 거지요.

『예루살렘에서 낳은 아들들은 이러하니 시므아와 소밥과 나단과 솔로몬 네 사람은 다 암미엘의 딸 밧수아(밧세바)의 소생이요』(대상 3:5)

이 이름들이 출생 순차적으로 기록되었다고 보면 솔로몬은 밧세바에게서 난 네 번째 아들입니다. (필자는 이들의 이름이 출생 순차적으로 기록된 것이라고 생각합니다. 이유는 다른 족보도 언제나 출생 순서로 적었기 때문입니다.)

우리의 기억을 지운다고 해서

하나님의 기억까지 지워지는 것이 아닙니다.

우리는 혹 시간이 지나가면 잊을 수 있을지 모르지만

(그러나 지은 죄가 시간이 흐른다고 해서 지워지지는 않습니다.

단지 많은 경우 사람들이 기억이 나지 않는다고

우겨대고 있을 뿐이지요.

정말 그런 경우가 있을 수 있는지 모르지만

많은 경우 지은 죄는 죽을 때까지 기억한답니다.

그것도 아주 분명하고 생생하게...)

하나님은 잊지 않으신답니다.

그러기에 회개하지 않은 죄는 반드시 드러나게 되어있고

심판받게 되어 있는 거지요.

그러므로 지은 죄를 하나님의 기억에서 지워버려야 하는 것입니다.

반드시! 그 유일한 방법,

하나님이 마련하신 방법을 따라야 합니다.

하나님의 아들 예수 그리스도께서 십자가에서 흘린

보혈로 지우는 거지요.

다른 방법은 없어요. 오직 십자가의 보혈뿐이랍니다.

지은 죄, 기억 속에서 지우려 하지 마세요.

혹 우리의 기억 속에 남아 있다 하더라도

하나님의 기억 속에서는 지워야 하는 것입니다.

그리스도의 보혈로!

그래서 말했어요.

『죄의 삯은 사망이요 하나님의 은사는

그리스도 예수 우리 주 안에 있는 영생이니라』(롬 6:23)

⑥ 삼하 12:1-6
찾아온 친구

다윗 왕이 혼자 있는 밧세바를 왕궁 침실로 데려다가 범한 그때 그 사건... 다윗은 아무도 모른다고 생각하고 있었겠지요. 아니, 아주 가까이 있는 몇 사람이 보기는 했어도 그들은 대단한 사람들이 아니라고 생각했었습니다.

그날 저녁, 목욕하는 여자 밧세바가 누구인지를 알아오도록 명령받고 보고(報告)한 신하는 사건의 첫 단추를 알고 있었습니다. 그 다음은 왕의 명을 따라 그녀를 왕궁으로 불러들인 신하가 있었습니다. 이들의 입... 가만히 있지 않았습니다. 왕실 권력 앞에서는 쥐 죽은 듯이 조용한 사람들입니다만 근무가 끝나고 집에 가서까지 조용하지는 않았습니다. 자기 아내와 이불 속에서 은밀하게 이야기를 나누었지요. 절대 비밀이라고 하면서. 절대 말하지 말라고 하면서. 말하면 가족 전체가 몰살당할 수도 있는 일이니 절대 말하면 안 된다고... 왕실 야간 근무병들, 그날 밤 밧세바가 새벽에 왕의 침실에서 나가는 것을 본 사람들입니다. 그날 새벽 본 것을 가지고 자기들끼리 입담거리로 삼았답니다. 왕의 귀에는 절대로 들어가지 않도록 조심하면서 말입니다. 저들의 아내들이 우물가에서, 빨래터에서, 시장에 나가 장보는 동안, 들에 일하러 가서 쉬는 동안... 그렇고 그런 일이 있었다고 하면서... 마치 남에게 들은 이야기인 것처럼 이러쿵저러쿵 하곤 했답니다.

우리아의 죽음. 처음에는 「전쟁중의 사고」라고 믿었습니다. 그런데 그가 죽자마자 그의 아내였던 밧세바가 왕실 후궁으로 들어가고 10개월도 안되어, 아니 6개월 만에 아이를 낳자 사람들은 이런 저런 이야기를 하기 시작했답니다. 6개월 만에 나온 아이인데도 만삭되어 나온 아이와 똑같이 건강한 것을 보자 말이 만들어지기 시작한 거랍니다. 밧세바가 왕궁에 들어가기 전에 임신중이었다는 둥, 우리아가 전쟁터에 있었는데 어떻게 임신을 했겠냐는 둥... 아마 남편이 전쟁에 나가 싸우고 있는 동안 다른 남자와... 별 상상의 소리를 다 했습니다. 어떤 사람은 손바닥을 치면서 자신있게 추측했습니다. 밧세바가 낳은 아이는 분명 다윗의 아이일 것이라고... 그런데 때마침 우리아가 전쟁에서 죽은 거라고... 듣던 사람이 말을 받아 했습니다.

"그렇다면 다윗 왕이 우리아를 전쟁에서 죽게 했을 수도 있겠구먼? 일부러 말이여! 그래야지 말이 맞는 거 아니여?"

모두들 추측이었습니다만 사람들의 수다는 걷잡을 수 없이 번져나가고 있었습니다. 그러나 왕의 귀에만은 들어가지 않았답니다.

요압도 그렇습니다. 왕의 우리아 살해 명령 편지를 읽고 끝까지 입을 다물고 있지는 못했습니다. 더욱이 아무런 이유없이 우리아를 전쟁에서 죽게 만들라는 왕의 명령도 그렇고 우리아 장수가 죽자마자 그의 아내를 자기의 후궁으로 받아들이는 것도 그렇고... 뭔가가 석연치 않았습니다. 집에 돌아온 요압은 눈치가 빠른 아내에게 절대 비밀을 약속받고 슬그머니 말했답니다.

입에서 입으로 퍼지는 사건에 대한 소문들... 왕의 귀에만 들어가지 않았을 뿐 이미 왕궁에서 근무하는 대부분의 사람들은 이 사실을 알고 있었습니다. 정황이 모두 정확하게 맞았습니다. 밧세바의 왕실 야간 출입 시기와 임신의 알리바이를 성립시키기 위해 전쟁터에서 우리아를 불러들인 것, 그리고 율법을 어기면서까지 강제로 우리아로 하여금 밧세바와의 잠을 자게 하려던 다윗 왕의 과잉 친절들... 그럼에도 불구하고 우리아는 밧세바와 끝까지 잠을 자지 않았다는 증언들, 우리아의 전쟁터로의 복귀와 편지, 그 후 무모한 전투 작전과 우리아의 최전방 투입, 그리고 그의 전사... 그가 죽자마자 전투를 종결시킨 요압의 행동... 전쟁 패배 소식을 듣고도, 특히 충신 우리아가 전사했다는 소리를 듣고도 전혀 화를 내지도 않았을 뿐 아니라 어찌된 영문인지 묻지도 않던 다윗 왕의 이상한 태도... 오히려 전쟁에서는 누구도 죽을 수 있는 것이라고 너그럽게 말하던 모습... 게다가 미망인이 된 밧세바를 부랴부랴 아내로 맞이한 것, 그리고 왕실로 들어간 밧세바가 6개월 만에 낳은 아이... 그 아이에 대한 왕의 특별한 애정...

사람들은 다 알고 있었습니다. 지난 날들의 이야기들을 종합하니 모든 것이 그럴듯했고 분명했답니다. 온 성에 그렇게 소문이 퍼지고 있었답니다. 3-4년 동안 입에서 입으로 퍼진 것이지요. 밧세바가 낳은 두 아이가 왕실에서 자라고 있고 또 세 번째 아이를 임신하고 있는 지금까지 말입니다. 그때 그 사건은 「알려진 비밀」이었답니다.

다윗의 친구이자 선지자인 나단도 소문을 들어 알고 있었습니다. 소문이 나단을 비켜가지 않았습니다. 언제나 정도(正道)를 따라 사는 나단입니다. 그는 들려오는 소문이 다윗 왕을 향한 음모이기를 바랐습니다. 그래서 조심스럽게 정황을 연구했습니다. 그런데 거짓말이라고 하기에는 너무도 상황이 정확했습니다. 너무도 많은 증거들(?)이 있는 겁니다!

다윗 왕이란 인물, 적어도 나단 선지자에겐 하나님을 향한 순수한 마음을 가지고 있는 좋은 친구였습니다. 그런데 간음과 그것을 은폐하기 위한 살인을 저질렀다는 것이 믿기지 않는 것입니다. 나단은 괴로웠습니다. 마음이 아파서 잠을 이룰 수 없었고 음식을 먹을 수 없었습니다. 함께 성전에 올라가서 기도

하던 신앙의 친구 다윗 왕의 얼굴을 차마 볼 수가 없었습니다. 나단은 수척해 갔습니다. 가끔 다윗 왕이 젊은 여인과 그녀가 낳은 어린 아이들과 함께 산책하는 것을 보았습니다. 여느 때 같으면 일부러라도 만나 대화를 나누었을 테지만 이젠 그럴 수가 없었습니다. 오히려 피했답니다. 그러다가 피할 수 없는 장소에서 다윗 왕을 만나면 나단의 가슴은 철렁 내려앉았습니다. 아니, 다윗 왕의 얼굴을 보면 눈물이 고였습니다. 가슴이 아팠습니다. 떠도는 소문이 거짓이길 바랐지만 그게 아니었기 때문입니다.

나단 선지자는 하나님께 기도했습니다. 친구이자 이스라엘의 통치자 다윗 왕의 죄를 위해서 말입니다. 다윗 왕의 영혼을 위해서 금식하며 기도합니다. 다윗 왕의 깨달음과 자복을 위해서 식음을 폐하며 간구합니다. 잠을 자다가도 다윗 왕을 생각하면 더 이상 잠을 이룰 수가 없었습니다. 침상에서 내려와 무릎을 꿇었습니다. 다윗 왕을 마음에 그리며 하나님의 용서를 대신 구했습니다.

"어찌해야 합니까? 하나님!"

하나님의 음성이 선지자 나단에게 들렸습니다.

"나단, 다윗에게 가라!"

「여호와께서 나단을 다윗에게 보내시니」(:1상)

나단의 발걸음이 무거웠습니다. 왕실에 이르러 왕을 뵈옵기를 청하였습니다. 오랜만인 나단의 방문이었습니다. 다윗도 오래 전부터 나단 선지자 보는 것을 꺼려했습니다. 나단이 자신의 죄악을 모두 알고 있을 것 같다는 느낌 때문이었습니다. 기도하는 사람 나단이 은근히 무서웠는데 그가 왔답니다.

다윗 왕도 많이 수척해 있었습니다. 서로 반가운 자리이어야 하는데 이상하게도 무엇인가 어색합니다. 들여온 차를 한 모금 마신 나단은 차를 옆으로 밀어 놓습니다. 그러면서 어색한 분위기를 깨듯 한 가지 이야기를 하겠다고 합니다. 다윗 왕도 이야기를 들으며 어색한 분위기를 자연스럽게 만들고 싶었습니다. 나단은 다시 차를 한 모금 마시더니 이렇게 말하기 시작했습니다.

"전하 이런 이야기를 들어 보셨나이까?"

"무슨 말씀인지 해 보시지요."

"한 성에 두 사람이 있었다고 합니다. 한 사람은 부자였고 한 사람은 가난했다고 하지요. 부한 자는 양과 소가 심히 많았지만 가난한 자는 아무 것도 없고 그저 작은 암양 새끼 하나 가지고 있었다는군요."

다윗 왕은 나단이 하는 말을 조용히 듣고 있었습니다.

"이 가난한 사람이 그 한 마리의 암양을 얼마나 사랑했는지... 그 암양 새끼를 그와 그의 자식과 함께 지내며 그의 먹는 것도 같이 먹게 했다는 겁니다. 물을 마시울 때 마치 사람처럼 잔에다가 마시웠다는군요. 이 암양을 잘 때는 품에 그의 눕혔다지요. 그에게는 이 암양이 딸과 같았답니다."

나단의 이야기를 듣고 있던 다윗이 맞장구를 쳤습니다.

"그래요. 그 사람에게 그 암양이 정말 소중했나봅니다 그려."

"그랬겠지요?" 나단의 응수였습니다.

나단은 다시 한 모금의 차를 마시고 이야기를 계속했습니다.

"그런데 그 부자에게 손님이 찾아 왔답니다. 부자는 그 손님을 대접하고 싶었답니다. 부자는 무엇으로 대접할까 고민하던 중에 이웃 가난한 집에 양이 하나 있는 것이 생각난 겁니다. 자기 집에도 많은 양과 소가 있었지만 그걸 잡아 대접하자니 아까운 거였어요. 그래서 자기 것엔 손대지 않고 이웃 가난한 집에 가서 별 말을 다하면서 양을 달라는 게 아닙니까? 가난한 사람이 안 된다고 하니깐 나중에는 힘을 가지고 그 양을 빼앗아 손님 대접을 했답니다."

『여호와께서 나단을 다윗에게 보내시니 와서 저에게 이르되 한 성에 두 사람이 있는데 하나는 부하고 하나는 가난하니 그 부한 자는 양과 소가 심히 많으나 가난한 자는 아무것도 없고 자기가 사서 기르는 작은 암양 새끼 하나뿐이라 그 암양 새끼는 저와 저의 자식과 함께 있어 자라며 저의 먹는 것을 먹으며 저의 잔에서 마시며 저의 품에 누우므로 저에게는 딸처럼 되었거늘 어떤 행인이 그 부자에게 오매 부자가 자기의 양과 소를 아껴 자기에게 온 행인을 위하여 잡지 아니하고 가난한 사람의 양 새끼를 빼앗아다가 자기에게 온 사람을 위하여 잡았나이다』(:1-4)

나단 선지자의 이야기를 경청하고 있던 다윗 왕이 두 주먹을 꽉 쥐었습니다. 그러더니 아주 분한 목소리로 소리를 질렀습니다.

"선지자 어른, 그런 저주받을 인간이 있습니까? 그런 놈이 있다면 마땅히 죽어야지요. 그런 놈이 죽는 것은 하나님의 말씀입니다. 아니면 적어도 그 양의 네 배를 갚아야 한다는 것이 하나님의 율법 아니겠습니까?"

『노하여... 이 일을 행한 사람은 마땅히 죽을 자라 저가 불쌍히 여기지 않고 이 일을 행하였으니 그 양 새끼를 사 배나 갚아 주어야 하리라』(:5-6)

다윗 왕
나단의 이야기를 자신의 이야기로 들을 수는 없었는가 봅니다.
다윗은 나단이 해결하기 어려운 문제를 가지고 와서
이 사건에 대한 자신의 의견을
알아보려고 하는 줄 안 것 같습니다.
아니면 이 사건에 대한 왕의 판결을 기다린다고 생각했나 봅니다.
모든 사람은 다른 사람의 말과 행위에 대해서
정의(正義)롭습니다.
다른 사람의 말과 행위에 대해서입니다.
다른 사람을 볼 때는 왜 그랬는지에 대한 상황을
전혀 고려하지 않고 판단합니다.
그래서 옳고 그른 것에 대하여 객관적인 판결이 가능하답니다.
그러나 자신을 향해서는 정의(正義)롭게 보지 못하지요.
아니 정의(正義)롭지 않습니다.
자신의 행동은 나타난 것으로 판단하지 않습니다.
자신의 행동을 평가할 때는

그렇게 행동할 수밖에 없었던 내면(內面)을 가지고 판단합니다.
그러므로 사람들은 자신의 행동에 대해서는
언제나 옳다고 말할 준비가 되어 있답니다.

설교를 들을 때도 마찬가지입니다.
사람들은 설교가 분명히 자신을 위해 전해진다고 말하곤 합니다.
그러나 실제로는 그 설교를 들으면서
다른 사람을 판단하고 있답니다.
설교를 들으면서 그 설교가 옳다고 하면서,
정의 편에 서서 누군가를 정확하게 판단하고 있습니다.
그리고 어떤 벌을 받아야 하는지도 알고 있지요.
다윗 왕이 그런 것처럼 말입니다.
『그 양 새끼를 사 배나 갚아 주어야 하리라』(:6하)

7 삼하 12:7-15상

들통난 범죄(犯罪)

나단은 머뭇거리지 않았습니다.

딴 사람 평가하지 말라고 단호하게 말했습니다.

"전하!" 나단은 다윗 왕을 뚫어지게 바라보았습니다.

"전하, 전하가 바로 그 사람이십니다!"

선지자의 말은 차분했지만 무서운 공격이었습니다.

『당신이 그 사람이라!』(:7)

다윗 왕은 마음이 철렁 내려앉았습니다. 갑작스럽게 자신을 악한 놈이라고 하는 선지자의 뜬금없는 말 때문이었습니다. 이야기를 잘 하다가 갑자기 자기가 가난한 사람에게서 그가 딸과 같이 아끼고 사랑하는 양을 빼앗아 손님 대접한 파렴치한 놈이라고 말하고 있기 때문입니다. 왕은 무슨 말인지 몰랐습니다. 어안이 벙벙할 뿐이었습니다. 그는 몇 년 전의 사건과 나단의 지금 이야기를 전혀 연결시키지 못하고 있었습니다.

정신 나간 것처럼 멍하니 있는 다윗에게 나단이 무서운 설교를 시작했습니다. 조용한 목소리였습니다만 다윗의 가슴을 도려내고 있었답니다.

"왕이시여, 하나님께서 당신을 빼내어 기름 부어 이스라엘의 왕으로 세우지 않으셨나이까? 사울의 나라를 빼앗아 왕에게 주신 것을 알지 못하십니까? 세상 모든 여자를 왕에게 주신 거 아닙니까? 아니 온 천하를 왕에게 준거지요. 왕이시여, 무엇이 부족하신지요? 부족하다면 하나님께서 주실 게 아닌지요? 그런데 왕이 하나님의 말씀을 업신여기고 악을 행하십니까?"

나단의 말이 계속되었습니다.

"다윗 왕이시여! 어찌하여 우리아를 죽였는지요! 어찌하여 우리아를 암몬 사람의 칼에 맞아 죽게하는 음모를 꾸미셨는지요? 그리고 어떻게 그의 아내 밧세바를 당신의 아내로 맞이하는 뻔뻔하고도 파렴치한 일을 행할 수 있었답니까?"

『네 주인의 집을 네게 주고 네 주인의 처들을 네 품에 두고 이스라엘과 유다 족속을 네게 맡겼느니라 만일 그것이 부족하였을 것 같으면 내가 네게 이것저

것을 더 주었으리라 그러한데 어찌하여 네가 여호와의 말씀을 업신여기고 나 보기에 악을 행하였느뇨 네가 칼로 헷 사람 우리아를 죽이되 암몬 자손의 칼로 죽이고 그 처를 빼앗아 네 처를 삼았도다』(:8-9)

다윗의 몸이 갑자기 불덩이가 되었습니다. '내가 요압에게 명령하여 우리아를 죽인 사건을 나단이 알고 있었다는 말인가? 그리고 그의 아내 밧세바를 빼앗은 것을 알고 있었단 말인가?' 위장(胃腸)이 막히는 것 같았습니다. 토할 것 같습니다. 아무도 모르는 줄 알았는데 나단이 너무도 소상히 알고 있는 겁니다. 변명하거나 생각할 여유도 없이 또 다시 나단 선지자의 말이 들렸습니다.

"왕은 들으시오. 하나님께서 말씀하십니다. 왕께서 하나님을 업신여기고 살인을 하면서 그의 아내를 빼앗았기에 영영토록 왕의 집에서 칼이 떠나지 않을 것입니다. 왕의 집에 재앙들이 있을 것입니다. 왕이 우리아를 죽이고 그의 아내를 빼앗은 악함에 대한 하나님의 징계로 왕의 아내들이 대낮에 강간을 당하는 비극을 직접 보게 될 것입니다. 왕은 모든 사람들의 눈을 속이고 악한 일을 하였으나 하나님께서는 모든 사람 앞에서 죄에 대한 대가를 보여주실 것으로 알고 있으시오!"

『이제 네가 나를 업신여기고 헷 사람 우리아의 처를 빼앗아 네 처를 삼았은즉 칼이 네 집에 영영히 떠나지 아니하리라 하셨고 여호와께서 또 이처럼 이르시기를 내가 네 집에 재화(災禍)를 일으키고 내가 네 처들을 가져 네 눈앞에서 다른 사람에게 주리니 그 사람이 네 처들로 더불어 백주에 동침하리라 너는

은밀히 행하였으나 나는 이스라엘 무리 앞 백주에 이 일을 행하리라 하셨나이다』(:10-12)

나단의 전달.

하기 쉬운 말이 아니었습니다.

절대 권력을 가진 일국(一國)의 왕 앞에 저주를 퍼붓고 있습니다.

하나님의 말씀을 전달하고 있다곤 하지만

왕의 기분에 따라 말 한 마디에 그의 목숨이 달린 상태입니다.

그러나 나단은 해냈습니다.

아주 담대하게 해냈습니다.

그렇게 담대할 수 있었던 이유가 있습니다.

다윗을 진심으로 사랑했기 때문입니다.

죄악으로 인해 친구 다윗의 영혼이 썩어 가는 것을

볼 수가 없었습니다.

다윗을 사랑하기에 자신의 목숨을 걸고 말하였습니다.

자신의 느낌이나 감정을 전한 것이 아닙니다.

그는 하나님의 말씀을 전달하고 있습니다.

그래서 담대할 수 있었습니다.

우리의 말... 이래야 합니다.

사랑의 풍성함 속에서 말해야 합니다.

사랑한다면 죽음으로 걸어가고 있는 형제를 보고

말하지 않을 수 없답니다.

하나님의 말씀을 전달해야 합니다.

내 말은 능력이 없지만
하나님의 말씀은 능력이 있기 때문입니다.

하나님의 말씀에는 역사가 나타납니다.
두 가지 반응이 있습니다.
하나는 듣고 회개하는 반응입니다.
사도행전 2장의 베드로의 설교를 들은 사람들이 그랬습니다.
다른 하나는 듣고 설교자를 미워하는 반응입니다.
사도행전 6장의 스데반의 설교를 들은 청중들의 반응입니다.
말을 멋지게 만들 필요가 없습니다.
하나님의 말씀 그대로가 필요합니다.
미사여구(美辭麗句)를 쓸 필요가 없습니다.
섞이지 않은 하나님 말씀 자체가 가장 능력이 있기 때문입니다.

다윗은 말씀을 듣고 어안이 벙벙했습니다. 그러나 후련했답니다. 감춰야만 했던 모든 것이 까발려졌기 때문입니다. 더 이상 감추려고 애쓸 필요가 없게 되었기에 후련한 겁니다. 숨길 것도 없습니다. 변명할 것도 없습니다. 모두가 다 사실입니다. 누군가에게 들킬까봐 언제나 초조했는데 모두 드러나고 나니까 오히려 마음이 후련해졌습니다. 지난 몇 년 동안 얼마나 고통스러웠는지 아무도 모른답니다. 그런데 이젠 그 짐을 벗어버린 것 같았습니다.

『온종일 마음이 괴로워 내 뼈마디가 녹아내리는 듯 하였습니다. 그래요, 주께서 밤이건 낮이건 이것을 짓누르시어 여름 가물에 땅 메말라 들풀 바싹 타 들어가는 것같이 이 몸의 힘이 모조리 빠졌습니다.』(시 32:3-4, 현대어 성경)

다윗은 더 이상 버티지 않았습니다. 후련한 마음을 가지고 나단 앞에서 진실을 고백했답니다. 사실이라고. 밧세바를 취하기 위해 우리아를 전쟁터에서 죽게 한 것이 사실이라고.

"나단, 선지자께서 하신 말씀은 모두 사실입니다. 내가 우리아를 죽였습니다. 그의 아내 밧세바와 정분을 통한 후 그녀가 임신을 했고 그것을 감추기 위해 그런 짓을 한 거였습니다. 그리고는 우리아가 죽자 밧세바를 아내로 맞아들이는 일을 한 것이요. 내가 큰 죄인이요."

『다윗이 나단에게 이르되 내가 여호와께 죄를 범하였노라』(:13상)

다윗은 자신을 완전히 포기했습니다.

그리고 인정했습니다.

하나님의 처분에 맡겼습니다.

『내가 여호와께 범죄하였노라

(I have sinned against the LORD)』(:13상)

다윗의 고백은 짧았습니다.

그러나 하나님의 마음에 닿을 만큼 진실한 고백이었답니다.

하나님의 기다리시는 것은 긴 기도가 아닙니다.

진실함입니다.

아름다운 미사여구(美辭麗句)가 아닙니다.

진실함입니다.

그 진실한 한 마디를 들으신 하나님은 바로 용서하셨습니다.

『여호와께서도 당신의 죄를 사하셨나니』(:13중).

진실한 참회 속에 하나님의 용서가 있는 거랍니다!

나단은 다윗의 진실한 뉘우침과 고백과 참회의 소리가 고마웠습니다. 변명하지 않는 용기가 고맙기만 했습니다. 나단은 하나님의 마음도 알고 있었습니다. 진실로 자신의 잘못을 알고 인정하는 사람에 대한 하나님의 마음 말입니다. 하나님은 죄를 용서하시는 분이라는 것을 잘 알고 있었습니다.

나단 선지자는 고개 숙인 다윗 왕의 손을 잡고 말을 이었습니다.

"왕이시여, 하나님께서 왕의 마음을 아십니다. 진심의 회개를 하나님이 모르시겠습니까? 하나님께서 왕의 죄를 사하셨습니다. 율법대로 한다면 하나님의 진노가 크시겠지만 하나님께서 전하의 참회를 받으셨기에 율법대로 처분하지 않으실 것입니다. 하나님은 전하의 마음을 받으셨습니다."

잠시 침묵이 흘렀고 다윗도 나단도 아무 말도 하지 못하고 있었답니다. 나단의 말이 계속되었습니다.

"그러나 전하의 일이 사람들에게 비방거리가 되는 것은 물론이고 이방 민족에게도 비방거리가 된 것만은 어찌할 수가 없습니다. 하나님께서 왕의 죄를 용서해 주셨으니 왕이 죽지는 않을 것입니다. 그러나 그 징표와 더불어 이방 사람들에게 우리가 섬기는 하나님께서 죄를 미워하신다는 것을 알려야 할 것이 아닙니까? 그렇기에 이번에 밧세바가 낳을 아이가 죽게 될 것입니다. 그러면 이 일이 하나님께로서 온 것인 줄 아십시오."

『나단이 다윗에게 대답하되 여호와께서도 당신의 죄를 사하셨나니 당신이 죽지 아니하려니와 이 일로 인하여 여호와의 원수로 크게 훼방할 거리를 얻게 하였으니 당신의 낳은 아이가 정녕 죽으리이다 하고』(:13-14)

우리의 죄는 어떻게 처리되는가요?
죄를 회개하지 않으면 그 죄는 하나님의 법대로 처리됩니다.
율법에 따른 벌을 받습니다.
그러나 십자가에서 흘리신 주의 보혈을 의지하여 회개하면
그 죄는 사함을 받습니다.

하나님의 용서하심은 어떤 것을 의미하는 것일까요?

『당신이 죽지 아니하려니와』(:13하)
다윗이 지은 죄에 대한 율법의 판결은 죽음입니다. 하나님이 용서하셨다는 말은 율법대로 처분하지 않겠다는 말씀입니다. 즉 죽임을 당하지 않을 것이라는 말입니다. 그러나 죄로 인해 발생한 열매들에 대해서는 책임을 져야 합니다. 다윗의 행위는 『여호와의 원수로 크게 훼방할 거리를 얻게 하였』기 때문입니다.

율법에 따른 처벌이 사라집니다.

회개하므로 율법에 따른 처벌이 사라진다 해도

죄로 인해 만들어진 열매들은 본인이 거두어야 합니다.

간음을 했다고 합시다.

회개하지 않으면 율법대로는 돌에 맞아 죽는 겁니다만

회개를 했을 경우 돌에 맞아 죽는 처벌이 없어집니다.

그런데 간음에 해당하는 벌은 면했다 하더라도

간음으로 인해 생긴 가정 문제라는 열매는 본인이 거두어야 합니다.

그렇기에 죄를 짓지 않는 것이 상책입니다!

다윗은 이제부터 그 죄악으로 인해 뿌려진 열매들을

거두어야 했습니다.

나단 선지자는 다윗 왕에게 어려운 이야기를 하고 자기 집으로 돌아갔습니다. 다윗 왕은 혼자 앉아 있었답니다. 그러면서 기도했답니다. 감사했답니다. 후련한 가슴으로 하나님을 찬양했답니다. 용서받은 행복으로 말입니다. 그리고는 감사의 글을 썼답니다.

여호와여 주의 분으로 나를 견책(譴責)하지 마옵시며
주의 진노(震怒)로 나를 징계(懲戒)하지 마옵소서
여호와여 내가 수척하였사오니 긍휼히 여기소서
여호와여 나의 뼈가 떨리오니 나를 고치소서
나의 영혼도 심히 떨리나이다
여호와여 어느 때까지니이까

여호와여 돌아와 나의 영혼을 건지시며
주의 인자하심을 인하여 나를 구원하소서
사망 중에서는 주를 기억함이 없사오니
음부(陰府)에서 주께 감사할 자 누구리이까
내가 탄식(歎息)함으로 곤핍(困乏)하여
밤마다 눈물로 내 침상(寢床)을 띄우며 내 요를 적시나이다
내 눈이 근심을 인하여 쇠하며 내 모든 대적을 인하여 어두웠나이다
행악하는 너희는 다 나를 떠나라
여호와께서 내 곡성(哭聲)을 들으셨도다
여호와께서 내 간구를 들으셨음이여
여호와께서 내 기도를 받으시리로다
내 모든 원수가 부끄러움을 당하고 심히 떪이여
홀연히 부끄러워 물러가리로다(시 6:1-10)

하나님이여 주의 인자(仁慈)를 좇아 나를 긍휼(矜恤)히 여기시며
주의 많은 자비(慈悲)를 좇아 내 죄과(罪過)를 도말(塗抹)하소서
나의 죄악을 말갛게 씻기시며 나의 죄를 깨끗이 제하소서
대저 나는 내 죄과를 아오니 내 죄가 항상 내 앞에 있나이다
내가 주께만 범죄하여 주의 목전에 악을 행하였사오니
주께서 말씀하실 때에 의로우시다 하고
판단하실 때에 순전하시다 하리이다
내가 죄악 중에 출생하였음이여 모친이 죄 중에 나를 잉태하였나이다
중심에 진실함을 주께서 원하시오니 내 속에 지혜를 알게 하시리이다
우슬초로 나를 정결케 하소서 내가 정하리이다
나를 씻기소서 내가 눈보다 희리이다

나로 즐겁고 기쁜 소리를 듣게 하사
주께서 꺾으신 뼈로 즐거워하게 하소서
주의 얼굴을 내 죄에서 돌이키시고 내 모든 죄악을 도말하소서
하나님이여 내 속에 정한 마음을 창조하시고
내 안에 정직한 영을 새롭게 하소서
나를 주 앞에서 쫓아내지 마시며
주의 성신을 내게서 거두지 마소서
주의 구원의 즐거움을 내게 회복시키시고
자원하는 심령을 주사 나를 붙드소서
그러하면 내가 범죄자에게 주의 도를 가르치리니
죄인들이 주께 돌아오리이다
하나님이여 나의 구원의 하나님이여 피 흘린 죄에서 나를 건지소서
내 혀가 주의 의를 높이 노래하리이다
주여 내 입술을 열어주소서 내 입이 주를 찬송하여 전파하리이다
주는 제사를 즐겨 아니하시나니 그렇지 않으면 내가 드렸을 것이라
주는 번제를 기뻐 아니하시나이다
하나님의 구하시는 제사는 상한 심령이라
하나님이여 상하고 통회하는 마음을 주께서 멸시치 아니하시리이다
주의 은택(恩澤)으로 시온에 선을 행하시고 예루살렘 성을 쌓으소서
그때에 주께서 의로운 제사와 번제와 온전한 번제를 기뻐하시리니
저희가 수소로 주의 단에 드리리이다(시 51:1-19)

허물의 사함을 얻고 그 죄의 가리움을 받은 자는 복이 있도다
마음에 간사가 없고 여호와께 정죄를 당치 않은 자는 복이 있도다
내가 토설치 아니할 때에 종일 신음하므로 내 뼈가 쇠하였도다

주의 손이 주야로 나를 누르시오니
내 진액이 화하여 여름 가물에 마름같이 되었나이다
내가 이르기를 내 허물을 여호와께 자복하리라 하고
주께 내 죄를 아뢰고 내 죄악을 숨기지 아니하였더니
곧 주께서 내 죄의 악을 사하셨나이다
이로 인하여 무릇 경건한 자는
주를 만날 기회를 타서 주께 기도할지라
진실로 홍수가 범람할지라도 저에게 미치지 못하리이다
주는 나의 은신처이오니 환난에서 나를 보호하시고
구원의 노래로 나를 에우시리이다
내가 너의 갈 길을 가르쳐 보이고 너를 주목하여 훈계하리로다
너희는 무지한 말이나 노새같이 되지 말지어다
그것들은 자갈과 굴레로 단속하지 아니하면
너희에게 가까이 오지 아니하리로다
악인에게는 많은 슬픔이 있으나
여호와를 신뢰하는 자에게는 인자하심이 두르리로다
너희 의인들아 여호와를 기뻐하며 즐거워할지어다
마음이 정직한 너희들아 다 즐거이 외칠지어다(시 32:1-11)

자동차 자동 계기판에 고장을 알리는 사인(sign)이 오면
당신은 차를 세워 점검을 할 겁니까?
아니면 신경을 건드리기에
자동 계기판을 부숴 버릴 것입니까?

하나님이 우리에게 주신 양심은

우리를 하나님께로

돌아가도록 인도해주는 장치랍니다.

마음 속에 우리의 영혼과 육체가 잘못됨을 알리는

사인(Sign)이 온다면

잠깐 멈추십시오.

그리고 점검하십시오.

회개가 필요한 사항이라면 인정하시고 고백하십시오.

절대로 하나님 편에 서 있는 양심을 부수지 마십시오.

다윗은 들통난 죄를 변명하지 않고 회개함으로

기쁨을 얻었습니다.

이것은 은혜입니다.

우리도 은혜를 받았습니다.

은혜는 이런 것을 의미합니다.

하나님께서 죽을 죄인인 우리를

죽이지 않고 용서하심을 의미합니다.

은혜는 하나님이 우리를 용서하시고

우리가 지은 죄에 대한 결과들을

견디어 낼 수 있는 힘을 주심을 의미합니다.

8 삼하 2:15하-23

죄의 열매들

우리아를 죽이고 밧세바를 취한 후

수년동안 악몽(惡夢)으로 인해 잠을 제대로 이루지 못한 때도 있었고 어느 경우에는 식은땀까지 흘리면서 공포에 찌든 적도 여러 번 있었습니다. 밧세바와의 사이에서 아이를 둘이나 낳는 기간이 지나갔지만 밧세바로 인해 우리아를 죽인 사건은 변함없이 다윗을 괴롭혔습니다. 지워지지 않고 오히려 피를 말리는 공포로 찾아오곤 했답니다.

그런데 이젠 모든 것이 드러났습니다. 속이 후련했습니다. 나단으로부터 지은 죄에 대한 대가가 어떤 것인지도 들었습니다. 지금 밧세바가 임신 중인 아이가 태어나서 얼마 후에 죽을 것이라는 선언도 들었습니다. 아이의 죽음으로 인해 나단이 말한 선언은 진정 하나님의 선언이라는 것이 증명될 것입니다. 태어날 아이의 죽음이 두려웠지만 하나님의 뜻이 이루어지기를 기다릴 뿐입니다.

나단과의 만남 이후 자신이 지은 죄에 대한 두려움이 많이 사라졌습니다. 몇 달 동안 이상하리만큼 마음이 편안했습니다. 이미 모두가 본인이 죄인임을 다 알고 있다는 「자기에 대한 포기」 때문인지 모르겠습니다.

밧세바가 아이를 출산할 때가 가까이 왔습니다. 그때가 된 것입니다. 산통을 느끼던 밧세바는 세 번째 아이를 낳았답니다. 다윗에겐 두려움이 생겼습니다. 나단 선지자가 이야기한 대로라면 언젠가는 하나님의 치심으로 인해 이 아이가 죽을 것이기 때문입니다. 아이가 조금만 아픈 기색이 있어도 다윗은 불안했습니다. 아이가 아프면 언제나 죽는다는 생각과 연결이 되었기 때문입니다. 다윗은 이 아이로 인해 뼈가 마르는 것 같았습니다.

나의 죄 때문에 죽을 아이입니다.
아이만 보면 미안합니다.
아이가 아니라 내가 죽었으면 하는 생각을 합니다.
우리의 죄 때문에 엉뚱하게 자녀가 고통을 겪을 때가 있습니다.
부모에게 가장 괴로운 것은 내가 아픈 것보다도
내가 낳은 자식이 아플 때입니다.
아이는 다윗 자신이 지은 죄로 인한 고통을 겪고 있습니다.

미안한 일이지만

죄로 인해 가족이 고통을 겪는 경우가 얼마나 많은지요.

성경은 부모의 죄로 인해 자녀들이 질병을 앓는 경우를

말씀하고 있습니다.

「이 사람이 소경으로 난 것이 뉘 죄로 인함이오니이까

자기오니이까 그 부모오니이까」(요 9:2)

무서운 것... 죄랍니다!

다윗은 죽어 가는 아이를 보면서 이렇게 기록한 것 같습니다.

「주의 손이 주야로 나를 누르시오니

내 진액이 화하여 여름 가물에 마름같이 되었나이다」(시 32:4)

「여호와여 내가 수척하였사오니 긍휼히 여기소서

여호와여 나의 뼈가 떨리오니 나를 고치소서」(시 6:2)

「내 눈이 근심을 인하여 쇠하며」(시 6:7)

아이가 아프답니다. 잘 지내던 아이가 기력을 잃더니 일어나지를 못합니다. 궁중 의원들이 드나들면서 약을 쓰기도 하고 원인을 분석해 보기도 하지만 아무런 소용이 없습니다. 지켜보던 다윗은 그 병이 고칠 수 없는 것임을 알고 있었습니다. 그리고 그 아이가 죽을 것이라는 것을 예측할 수 있었습니다. 아이에게 다가오는 죽음의 그림자를 보고 있었던 겁니다.

다윗은 아이를 마지막으로 보기로 했습니다. 아이가 누워 있는 방으로 갔습니다. 밧세바가 아이와 함께 있습니다. 아직 어린 아이입니다. 핏기가 없는 아이가 아빠 다윗을 보면서 살포시 웃었습니다. 아이는 몸이 아프다고 아빠에게 말합니다. 다윗의 눈에서 눈물이 흘렀습니다. 누워 있는 아이를 일으켜 무릎에 놓고 꼭 끌어안았습니다.

"아가야, 일어날거야. 조금만 참아라. 아빠가 하나님께 기도할게!"

아이는 아빠 품에서 잠이 들었습니다. 다윗은 아이를 침대에 눕히고 조용히 방을 빠져 나왔습니다. 침울하고 어두운 얼굴로 자신의 방으로 갔답니다.

다윗은 아이에게 다시 가지 않았습니다. 무거운 마음으로 침실에 혼자 있을 뿐입니다. 음식도 먹지 않았습니다. 낮에도 밤에도 전혀 요동 없이 땅에 엎드려 흐느끼고 있을 뿐입니다.

"하나님이시여! 나를 불쌍히 여기시사 아이를 살려 주십시오!"

어느 때는 통곡합니다.

"하나님이시여, 저 아이를 살려 주시옵소서!"

닫혀 있는 왕의 침실에서 새어 나오는 절규였습니다.

왕이 식음을 폐하고 눈물을 흘리며 오랜 시간 동안 엎드려 있자 나이 든 신하들이 나섰습니다. 왕이 엎드려 있는 방으로 들어가 임금의 팔을 붙들고 일으켜 세우려 합니다. 그러나 다윗 왕이 완강하게 거부합니다. 늙은 신하들의 말을 듣기 싫어합니다. 그리고 계속해서 소리 높여 기도했습니다. 마치 미친 사람처럼 말입니다.

"하나님이시여! 나를 불쌍히 여기시사 아이를 살려 주소서!"

아이를 살려 달라고 통곡하고 기도할 뿐입니다.

아이가 아프기 시작했던 날부터 칠 일째 되던 날, 아이가 죽었답니다. 아빠가 지은 죄로 인해 아이가 죽 · 었 · 습 · 니 · 다. 다윗은 무척이나 힘들었습니다. 밧세바에게도 견딜 수 없는 고통이었습니다.

다윗은 현실을 받아들였습니다. 칠 일 만에, 아이가 죽었다는 소식을 듣고는 더 이상 슬퍼하지 않았습니다. 오히려 일어나서 몸을 단장하고 옷을 갈아입었으며 하나님께 예배하고 음식을 먹었습니다.

『다윗이 땅에서 일어나 몸을 씻고 기름을 바르고 의복을 갈아입고 여호와의 전에 들어가서 경배하고 궁으로 돌아와서 명하여 음식을 그 앞에 베풀게 하고 먹은지라』(:20)

신하들은 어리둥절했습니다. 임금을 어떻게 대해야 할지 알 수 없었기 때문입니다. 아이가 살았을 때는 그렇게도 슬퍼하던 왕이, 아이가 죽자 아무렇지도 않게 정상적인 삶을 다시 엮어가기 때문이었습니다. 궁금하고 어리둥절했던 신하들은 견디다 못해 다윗왕에게 물었답니다.

"전하, 아뢰옵기 황공하오나... 여쭐 말씀이 있사온데..."

"무슨 말인고?" 왕의 말이었습니다.

"전하, 어찌하여 아기 왕자께서 생존해 계실 때는 슬피 우시며 기도하시더니 오히려 아기 왕자께서 돌아가셨다는 소리를 들으시고는 슬퍼하지 않으시나이까?"

신하들의 물음은 진지하기도 하고 조심스러웠습니다. 다윗 왕은 잠시 동안 침묵하더니 이렇게 말했답니다.

"이보게들, 자식이 죽었는데 가슴 아프지 않은 애비가 어디 있겠는가? 내 마음 찢어지는구려. 그게 애비가 아니겠나?"

다윗은 아이의 죽음이 자신의 마음을 도려낸다는 듯 눈에 눈물이 고여 있었습니다.

"그러나 어쩌겠는가? 이젠 그 아이가 갔는데… 갔단 말이야! 자네들은 내가 아이가 살았을 땐 금식하고 기도하면서 그토록 슬퍼하더니 죽은 후에는 아무렇지도 않은게 궁금하겠지. 아니라이. 내 마음은 지금도 아프다이. 내가 그 아이 살았을 때 금식하고 기도한 것은 하나님께 살려 달라고 기도한 것이었다네. 혹시 아는가? 내가 그렇게라도 기도하면 하나님이 그 아이를 살려 주실는지 말이야. 그래서 그렇게 금식하고 기도한 것이었네. 그런데 이젠 기도한들 금식한들 죽은 자식 살아나겠는가? 그가 죽었는데 무슨 금식을 하겠는가? 내가 그 아이 있는 곳으로 가야지... 그 아이가 다시 오지는 않을 것 아닌가!"

『아이가 살았을 때에 내가 금식하고 운 것은 혹시 여호와께서 나를 불쌍히 여기사 아이를 살려 주실는지 누가 알까 생각함이어니와 시방은 죽었으니 어찌 금식하랴 내가 다시 돌아오게 할 수 있느냐 나는 저에게로 가려니와 저는 내게로 돌아오지 아니하리라』(:22-23)

아이는 저주받은 것이 아닙니다.

다윗의 죄악으로 인해 희생되었을 뿐입니다.

아이가 벌을 받은 것이 아니라

다윗이 벌을 받은 것입니다.

그러므로 다윗의 금식과 기도는 아이를 위한 것이 아니라

자신을 위한 회개와 겸손의 기도인 거랍니다.

그렇기에 그는 자신의 금식과 기도를 이렇게 설명했답니다.

『가로되 아이가 살았을 때에 내가 금식하고 운 것은

혹시 여호와께서 나를 불쌍히 여기사

아이를 살려 주실는지 누가 알까 생각함이어니와』(:22)

아이는 하늘나라에 있습니다.

아이는 이 세상에 다시 올 필요도 없고, 올 수도 없습니다.

그러나 죄를 용서받은 다윗은 아이가 있는 곳으로 갈 것입니다.

그곳에 가서 아이를 만날 것입니다.

그러므로 그 아이에게로 갈 것이기에

좋은 곳에 있는, 죄 없는 아이를 위해서는 애도하지 않았던 것입니다.

⑨ 삼하 12:24-25
용서받은 증거

아이의 죽음이 다윗에게도 고통이었습니다만 그보다 더 힘들어 한 사람은 밧세바였습니다. 그녀에겐 더더욱 견디기 어려운 고통이었답니다. 다윗은 아이가 죽을 줄 알았지만 밧세바는 단지 병 때문에 죽은 것으로 알고 있었기 때문입니다. 다윗 왕이 아이의 죽음으로 인해 힘들어 하는 밧세바를 찾아갔습니다. 그리고는 아이의 죽음에 대하여 부끄러움(?)을 무릅쓰고 털어놓았습니다. 젊은 신혼의 여인을 탐하여 못할 짓을 한 자신의 죄악들을 하나하나 고백했습니다. 자신이 음탕(淫蕩)했었다고. 자신이 우리 아를 죽였다고.

밧세바는 어렴풋이 짐작은 하고 있었지만 왕의 고백을 듣고 나니 시원하기도 하고 괴롭기도 했습니다. 자신의 마음을 어떻게 이야기해야 할지 어쩔 줄 몰라했습니다. 반면에 숨김없이 이야기해 주는 다윗 왕이 고맙기도 했습니다.

아이의 죽음. 자신의 죄로 인한 하나님의 벌하심이라고 고백하면서 왕은 아이의 엄마, 자신의 젊은 아내 앞에서 슬픔의 눈물을 흘리고 있었답니다. 죄가 이처럼 무서운 것임을 아는 눈물입니다. 밧세바도 함께 울었답니다. 그녀의 눈물 속에도 죽은 아이에 대한 미안함이 있었습니다. 아니, 지금까지 말하지 않았던, 오래 전 전쟁터에서 죽은 남편 우리아에 대한 속죄의 눈물이 섞여 있었답니다.

다윗은 자신의 죄로 인해 밧세바의 인생이 이처럼 어려워지고 고통 가운데 있게 되었다고 생각했습니다. 그래서 그런지 지난 날보다도 그녀를 더욱 사랑했답니다. 그런 시간들이 얼마나 지났을까요?… 밧세바가 또 임신을 하였답니다. 다윗과 만나 네 번째 갖은 아이였습니다. 배가 불러오기 시작했습니다. 그런데 두렵지가 않았습니다. 이상하리만큼 다윗과 밧세바에게는 평안함이 있었습니다. 용서받은 죄인들이 누리는 평안인가 봅니다. 용서의 하나님께서 주신 평안이었답니다. 다윗 왕의 나이 57세에 얻은 늦둥이였답니다.

아들을 낳았습니다. 평안중에 낳은 아들이었습니다. 그래서 그 이름을 「솔로몬」(평안)이라고 지었답니다. 용서받은 사람이 누리는, 평안중에 낳았다는 간증의 이름이었습니다.

『다윗이 그 처 밧세바를 위로하고 저에게 들어가 동침하였더니 저가 아들을 낳으매 그 이름을 솔로몬이라 하니라』(:24상)

「솔로몬」이라 이름을 지었답니다.
샬롬, 평안이란 뜻입니다.
죄로 인해 불안해하고 죄책감으로 수년을 지내다가
모든 것이 용서받음으로 인해 얻은 기쁨과 평안
그 감격으로 지은 이름이랍니다.
우리도 지은 죄가 많이 있지요.
훗날 책임을 져야 하는
죄악들 말입니다.
그런데 걱정하지 마세요.
다윗이 나단 앞에 죄를 인정하고 참회한 것처럼
하나님 앞에 죄를 시인하고
십자가의 보혈을 의지하면 된답니다.
그러면 그 사람의 죄가 없어지는 거예요.
주 예수 그리스도의 보혈을 의지한 사람은
용서받은 사람이구요
훗날 책임질 일이 아무 것도 없답니다.

우리가 예수 그리스도를 의지한다는 것은
우리가 져야 하는 죄에 대한 책임과 값을
예수께서 대신 지셨다는 말입니다.
다윗만 평안한 게 아니랍니다.

예수를 믿는 우리에게도 그와 같은 평안이 있답니다!

나단 선지자는 다윗의 고통을 알고 있었습니다. 그리고 다윗이 그 고통을 잘 견디며 믿음으로 이겨내는 것을 보고 기뻤습니다. 하나님 앞에서 완전히 겸손해진 다윗이 고마웠습니다. 죄가 무섭기는 했지만 죄로 인해 하나님께로 더 가까이 간 다윗이 자랑스러웠답니다. 죄가 있었습니다만 회개하니 그 자리에 은혜가 넘쳐납니다. 다윗은 용서받은 사람답게 용서의 사람, 관대한 사람이 되어 있었답니다.

다윗은 태어난 아이 솔로몬을 보고 하나님께 감사하면서 지냈습니다. 솔로몬을 볼 때마다 용서받은 은혜를 기억했습니다. 하나님 사랑의 증거물이 솔로몬이었던 거지요. 하나님께 받은 사랑으로 솔로몬을 양육했습니다. 용서받은 행복으로 사는 다윗의 생활... 보기도 좋고 아름다웠답니다. 그것을 보는 나단 또한 기뻤답니다.

다윗의 회복을 기뻐하고 있는 나단에게 하나님께서 나타나셨습니다. 다윗이 사랑하고 있는 아들(솔로몬)의 이름을 하나님이 직접 주시겠다는 것입니다. 「여디디야」라고 하랍니다. 하나님의 사랑을 입은 사람이라는 뜻이었습니다. 나단 선지자는 신이 났습니다. 다윗의 모든 죄들을 하나님이 완전히 용서하셨음을 말하는 것뿐 아니라 다윗의 솔로몬 사랑도 기뻐하고 계신다는 뜻이었기 때문이었습니다.

죄는 순간적인 쾌감을 가지고 옵니다만
그 재미(?)를 지속하지 못하고,
초조함과 고통을 가지고 옵니다.
죄는 번뜩이는 금 사과를 가지고 유혹합니다만
그 뒤로는 영혼을 물어뜯고
뼈를 으스러뜨리며 심장을 파괴합니다.
우리는 죄가 가지고 오는 결과들을 알고 있습니다만
그 죄를 물리칠 능력이 없습니다.
죄는 대단하고 강력한 힘을 가지고 있기 때문입니다.
죄는 단 한 순간만 재미있을 뿐
그 후에는 불안과 두려움이 지속됩니다.

다윗의 들킴은 축복이었습니다.
그의 진실한 회개는
그를 기도의 사람으로 만들었고
음식을 잘 먹는 사람으로 만들었고
잠을 잘 자는 사람으로 만들었고
다른 사람을 사랑하는 사람으로 만들었고
남을 용서하는 사람으로 만들었답니다.
그리스도인,
완전한 사람이 아닙니다.
단지 용서받은 사람일 뿐이랍니다.

⑩ 삼하 12:26-31

죄중에 얻은 승리

다시 11장의 전쟁 이야기를 마무리해야 합니다. 다윗과 밧세바 사건을 일으킨 암몬과의 전쟁 이야기입니다. 얼마 전에 우리아를 죽게 하고 패한 후 요압은 다시 군대를 정비하여 암몬의 랍바성을 정복하고 승리로 이끌었답니다. 그 말은 우리아의 전사(戰死)는 힘이 없어서 패한 것이 아니라 요압의 의도적 패배 사건이라는 것을 증명하는 거였습니다.

우리아에 관한 보고를 하고 돌아온 사자가 「다윗의 기분 괜찮음」의 소식을 요압에게 전했습니다. 요압은 우리아를 죽게 한 자신의 행동이 왕에게 기쁨을 주었음을 확신했습니다. 그리고는 곧바로 랍바 성을 정복했답니다.

요압은 다윗 왕에게 만족을 주고 싶었습니다. 그래서 생각해 낸 것이 (어떤 의중에서 우리아를 죽이라고 했는지 알 수 없으나) 우리아의 죽음으로 인해 만족(?)을 누리고 있던 다윗 왕에게 또 다른 기쁨을 선물함으로 신하의 도리와 충성을 보이고자 한 것입니다. 요압은 다윗에게 사람을 보내 이렇게 전했습니다.

『이제 왕은 남은 군사를 모아 진치고 이 성을 쳐서 취하소서 내가 이 성을 취하면 이 성이 내 이름으로 일컬음을 받을까 두려워하나이다』(:28)

대단한 충성이었습니다. 왕에 대한 비위 맞춤이었습니다.

죄를 지은 다윗 왕, 밧세바를 범하고 그것을 무마하기 위하여 우리아를 죽인 왕은 오십이 지났음에도 불구하고 군복을 입고 전쟁터로 갔습니다. 그리곤 요압 장군이 정복한 암몬의 랍바 성 속으로 승자(勝者)의 기품을 가지고 늠름하게 들어갔습니다. 그리고 요압은 다윗 왕 앞에 암몬 왕을 무릎 꿇게 했답니다. 요압은 암몬 왕의 왕관(王冠)을 벗겼습니다. 순금(純金)이었습니다. 중량이 한 달란트(약 40kg), 대단히 무거웠습니다. 다윗 왕도 많은 전쟁을 하고 왕들의 면류관을 벗겨 보았지만 이런 값진 왕관을 본 적이 없었습니다. 다윗 왕은 자기 투구를 벗고 암몬 왕의 멋진 왕관을 자기 머리 위에 올려놓았답니다. 기가 막힌 것이라고 감탄을 하면서.

『그 왕의 머리에서 보석 있는 면류관을 취하니 그 중량이 금 한 달란트라 다윗이 머리에 쓰니라』(:30상)

다윗 왕은 계속해서 랍바 성을 노략했습니다. 마치 강도처럼 은과 금을 빼앗았습니다. 밧세바를 빼앗은 다윗이 우리아의 죽음으로 인한 행복감(?)을 가지고 정신없이 싸우고 대단한 승리를 획득한 것입니다. 그런데 이 본문에는 이런 말이 기록되어 있지 않습니다. 전에는 꼭 있었던 말이 빠진 것입니다. 『여호와께 드리되…. 드리리라』라는 말씀 말입니다.

큰 죄를 짓는 동안 다윗은 하나님이 생각나지 않은 것일까요?
아니면 의도적으로 하나님을 생각하지 않은 것일까요?
우리는 죄를 짓는 동안 하나님이 생각나지 않는 것입니까?
아니면 생각나는 하나님을
의도적으로 잊기 위해 딴 짓을 하고 있는 것입니까?

전에는 모든 은과 금 그리고 놋까지도 하나님께 드렸습니다.
훗날 후손이 성전을 지어야 하거든요.
하나님을 사랑하는 마음으로 좋은 것들을
여호와께 드린 것입니다.
그런데 지금은 아닙니다.
죄를 품고 있는 한 하나님께 아무 것도 드릴 수가 없었습니다.
죄! 무서운 것입니다.
모든 것을 바꿔놓는 것입니다!

4

〉〉 네 번째 이야기 삼하 13-14장

무너지는 가정

다윗에게는 아내가 많았기에 그녀들로부터 얻은 아들들이 많이 있었습니다. 예루살렘으로 수도를 옮기기 전 유다 땅 헤브론에 있을 때 낳은 아들들은 벌써 장년이 되어 있었답니다. 다윗의 나이가 50대 중반이 되었으니 헤브론에서 낳은 아들들 가운데 큰 아들은 벌써 서른을 바라보는 나이였고 늦게 낳은 아이도 스무 살이 넘어서고 있었지요. 아들만 있는 것이 아니었습니다. 예쁜 딸들도 여럿 있었습니다. 그녀들 성숙하고 아름다운 숙녀들이었답니다. 다윗의 많은 아들들 가운데 장남(長男)은 이스라엘 여인이 낳은 암논(Amnon)이었습니다. 고대(古代) 관습상 왕은 세습되는 것이었고 왕위를 세습할 사람은 특별한 경우를

❶ 삼하 13:1-6

죄(罪)와 벌(罰), 나쁜 마음 나쁜 친구

다윗에게는 아내가 많았기에 그녀들로부터 얻은 아들들이 많이 있었습니다. 예루살렘으로 수도를 옮기기 전 유다 땅 헤브론에 있을 때 낳은 아들들은 벌써 장년이 되어 있었답니다. 다윗의 나이가 50대 중반이 되었으니 헤브론에서 낳은 아들들 가운데 큰 아들은 벌써 서른을 바라보는 나이였고 늦게 낳은 아이도 스무 살이 넘어서고 있었지요. 아들만 있는 것이 아니었습니다. 예쁜 딸들도 여럿 있었습니다. 모두들 성숙하고 아름다운 숙녀들이었답니다.

다윗의 많은 아들들 가운데 장남(長男)은 이스르엘 여인이 낳은 암논

(Amnon)이었습니다. 고대(古代) 관습상 왕은 세습되는 것이었고 왕위를 세습할 사람은 특별한 경우를 제외하고는 장남(長男)이었습니다. 이스라엘도 예외는 아니었습니다. 따라서 장남인 암논이 다윗 왕의 뒤를 이어 왕이 된다는 것은 당연한 이치였답니다.

암논의 주변에 사람이 많이 모였습니다. 정권(政權)을 따라 사람들이 움직이고 모이는 법이니까요. 그 가운데는 충신(忠臣)도 있었습니다만 간신(奸臣)도 많았습니다. 차세대의 지도자가 될 암논에게 붙은 여러 간신들 중에 요나답이라는 사람이 있었습니다. 표면적으로는 언제나 자신이 암논의 사촌(四寸)이라고 말했습니다. 사실 요나답은 다윗의 세 번째 형님인 시므아(삼마)의 아들이었기에 왕세자인 암논과는 말 그대로 사촌지간이었습니다. 요나답은 머리는 좋았으나 간교(奸巧)한 인물이었답니다.

『암논에게 요나답이라 하는 친구가 있으니 저는 다윗의 형 시므아의 아들이요 심히 간교(奸巧)한 자라』(:3)

이런 사람을 가까이 하면 득(得) 될 것이 없습니다.
이런 사람이 접근해 오는 것은 사람에게 오는 것이 아니라
사람을 이용하여 무엇인가를 얻기 위한 목적으로
다가서는 것이지요.
사람들은 다가오는 사람이 간신인지 충신인지를
구분하지 못합니다.

자신에게 잘해주면 간신인 줄 알면서도 충신으로 여깁니다.
반면에 진짜 충신임에도 불구하고 자신의 마음에 부담을 주면
가까이 하지 않으려고 한답니다.
진정 좋은 사람이 누구인지를 분별하는 것이 지혜입니다.
그보다 더 큰 지혜는
분별한 후 옳은 것을 선택하는 용기랍니다.

다윗이 헤브론에서 낳은 아들 여섯 명 가운데 암논은 장남으로 왕세자였고, 둘째는 아비가일이 낳은 길르압인데 일찍 죽었는지 아니면 몸이 아파서 특별한 사건을 벌이지 않아서였는지는 몰라도 성경에는 그에 대한 언급이 없습니다. 추측하기는 만일 길르압이 건강하게 자라고 있었다면 똑똑한 여인 아비가일이 자신의 아들을 왕으로 만들기 위해 무척이나 노력했을 것이 아닌가 하는 생각이 듭니다. 셋째 아들은 압살롬이었습니다. 그는 선천적으로 미남(美男)이었습니다. 그의 어머니는 그술 왕의 딸로서 외모가 아름다울 뿐 아니라 품위가 있고 권력이 무엇인지를 알고 있던 여자였습니다. 그녀에게는 압살롬 말고도 예쁜 딸 하나가 있었답니다. 다말이었습니다.

다윗의 자녀들은 모두가 배 다른 형제들입니다. 그러므로 어떤 면에서는 서로가 남이었던 겁니다. 아버지와 어머니가 같으면 형제와 자매가 한 방에서 잠을 잔다 하더라도 (불편하기는 하겠지만) 그런대로 지낼 수 있습니다만 어머니가 다른 형제자매는 한 방에서 잠자는 것이 거의 불가능합니다. 남이기 때문

입니다. 그러므로 다윗의 자녀들 사이에는 미묘한 감정(?)들이 있었답니다.

압살롬의 누이동생 다말은 암논에게는 동생이 아니었습니다. 이성(異性)의 대상이었습니다. 다말은 참으로 아름다웠습니다. 이 아름다운 다말이 암논의 욕정(欲情)을 불태웠던 겁니다. 암논은 왕세자로서 하고 싶은 모든 것을 할 수 있었습니다. 그런데 다말을 향한 욕정만은 마음대로 할 수가 없었습니다. 공주가 아닌 일반 여자이거나 궁중에서 일하는 여인이라면(그것도 안 되지만) 자신이 하고 싶은 대로 한다 하더라도 눈감아 줄 수 있습니다. 그런데 상대가 이복 동생인 다말이었습니다. 암논은 괴로워(?)하고 있었습니다. 자신이 모든 것을 할 수 있는 왕세자라 하더라도 다말을 범하는 것은 안 되는 겁니다. 마치 모든 권세를 가진 다윗이 하고 싶은 모든 것을 한다 하더라도 유부녀이자 친구의 손녀딸이고 충신의 아내인 밧세바를 범하면 안 되었던 것처럼 말입니다.

다윗도 밧세바를 향한 욕정 때문에 마음의 병이 생겼었는지는 모릅니다만 암논은 범하면 안 되는 공주 다말로 인해 마음의 병을 앓고 있었답니다.

『그 후에 이일이 있으니라 다윗의 아들 압살롬에게 아름다운 누이가 있으니 이름은 다말이라 다윗의 아들 암논이 저를 연애하나 저는 처녀이므로 어찌할 수 없는 줄을 알고 암논이 그 누이 다말을 인하여 심화로 병이 되니라』(:1-2)

왕세자로서의 암논은 정치 수업과 함께 할 일들이 많이 있었습니다만 다말에 대한 욕정(欲情) 때문에 아무 것도 손에 잡히는 것이 없었습니다. 암논의 주변 사람들은 언제나 암논의 일거수 일투족에 관심을 두고 있었습니다. 그런데 머리가 좋고 눈치가 빠른 요나답이 암논의 종잡지 못하는 마음을 읽은 겁니다. 그것을 빌미로 요나답이 암논 왕세자에게 접근을 합니다. 그리고 마음잡지 못하는 암논의 비밀을 알아냈습니다.

『내가 아우 압살롬의 누이 다말을 연애(戀愛)함이니라』(:4)

해야 할 일과 하지 말아야 할 일을 구분해 주는 사람이 있습니다.
좋은 사람은 할 일을 하게끔 용기를 주고 격려해 주는 사람입니다.
또한 하면 안 되는 일을 하지 못하도록
분명하게 말을 해주고 막는 사람입니다.
요나답이 좋은 사람인지 나쁜 사람인지가
여기서 분별됩니다.
암논의 마음이 다말을 향해 욕정으로 가득 차 있다는 것을 안다면,
그리고 진정 암논을 위하는 충신이라면
암논의 그러한 마음을 돌이키도록 해야 합니다.

"세자 저하, 다말 공주로 인해 마음의 병을 앓고 계시니이까?"

요나답이 암논의 마음을 떠 보고 있었습니다.

"이 사람, 무슨 말을 하고 있는 거야?"

암논은 시치미를 떼며 딴청을 하였습니다만 요나답의 갑작스런 질문에 자신의 마음이 들킨 줄 알고 가슴이 덜컥 내려앉았답니다.

"세자 저하, 다른 사람을 속이실 순 있을지 모릅니다만 소인은 저하의 눈빛만 봐도 저하의 마음을 알 수 있사옵니다. 이 요나답에겐 모두 말씀하소서. 제 평생 저하를 주인으로 모시고 살 것이온데 무엇이 두려워 말씀을 못하시나이까?"

요나답의 말은 암논의 마음에 평안을 가져다주었답니다.

"그래, 내 자네에게만 말하지. 내 다말로 인해 환장하겠구먼! 고것이 얼마나 예쁜지 볼 때마다 내 속을 뒤집어 놓는다구. 요즘은 고것 때문에 아무 것도 할 수가 없어. 딱 한번만 내 맘대로 해 봤으면 좋겠는데 그게 그럴 수가 없잖은가? 그래도 누이동생인데 말이야. 고것의 오라비 압살롬이 보통 놈은 아니고. 게다가 무슨 명분으로 내 집에 오게 하겠나? 한번만 온다면 내 별짓을 다해서라도 꼬여 보겠네만... 미칠 것 같아!"

암논은 요나답에게 자신의 고민은 물론 하고 싶은 일(?)까지도 적나라하게 털어 놓았던 겁니다.

"세자 저하, 소인에게 방도가 있사온데 한번 들어 보시겠나이까?"

"방도? 그게 뭔고? 말해 보거라. 내 다말과 둘이서 만날 계책이 있는가?"

"예, 있습니다. 제가 드리는 말씀을 듣고 괜찮다 생각이시면 해 보십시오.

틀림없이 저하는 다말 공주님과 둘만의 시간을 가지실 수 있나이다."

"어서 말해 보거라."

암논은 침을 꿀꺽 삼키면서 요나답을 재촉했습니다.

"저하, 공짜는 아닙니다요!"

"암, 내 일만 잘되면 자네의 은혜를 잊지 않지. 암!"

"저하, 일단은 몸이 아프시다는 소문을 내시고 침상에 누워 일어나지 마소서. 아마도 저하께서 편찮으시다는 소리를 다윗 왕께서 들으시면 왕께서도 무척이나 걱정을 하실 겁니다. 저하는 왕세자가 아니시옵니까? 다윗 왕께서 반드시 저하를 문병하시기 위하여 행차하실 것이옵니다. 그때 연기를 잘 하셔야 합니다. 계속 침상에 누운 채로 일어날 기력이 없다고 하소서. 의원을 불러 약도 쓰면서 여러 가지 노력을 했으나 별 효과가 없다고 하셔야 하옵니다. 그러시다가 민간에 떠도는 이야기라고 하면서 이런 이야기를 하는 겁니다."

요나답은 말을 멈추고 물을 한잔 들이키더니 왕자를 보고 음흉한 미소를 지고 있었습니다. 그러더니 한마디를 합니다.

"저하, 일이 잘되면 소인의 공로를 어떻게 보상해 주실 겁니까?"

"이 사람아, 별 걱정을 다하는구먼. 그런 건 걱정하지 말고 어서 그 방책을 말해보게나. 그 다음에 어떻게 해야 한다는 거야?"

"예, 저하. 그런 다음에 민간에 떠도는 이야기라고 하면서 왕께 부탁을 하는 겁니다. 뭔고 하면, 병이 오래되어 약이 없을 땐 처녀가 직접 과자를 만들어 먹여주면 마음의 병부터 치료가 된다는 걸 말씀드리십시오. 그러면서 시집가지 않은 누이 다말 공주가 그 일을 해 주면 좋겠다고 말씀드리는 겁니다. 왜 다말이냐고 물으시면 가장 부담없는 동생이 해 주는 게 모양새가 좋겠다고 하시는 겁니다. 그러면 왕께서도 흔쾌히 허락하실 것이옵니다. 그런 후 다말 공주께서 저하의 집에 오셔서 과자를 만들 때 그 땐 저하께서 알아서 하시면 되옵니다. 그 일까지 제가 말씀드릴 순 없지 않사옵니까?"

『요나답이 저에게 이르되 침상에 누워 병든 체 하다가 네 부친이 너를 보러 오거든 너는 말하기를 청컨대 내 누이 다말로 와서 내게 식물을 먹이되 나 보는데서 식물을 차려 그 손으로 먹여 주게 하옵소서 하라』(:5)

어떤 친구를 만나는가 하는 것이 중요합니다.
머리 좋은 사람이 아닙니다.
일을 탁월하게 잘하는 사람이 아닙니다.
나의 기분을 상하지 않게 하는 사람이 아닙니다.
바른 사람을 만나야 합니다.
요나답은 머리도 좋고 일도 잘하고 사람의 기분을 좋게 하는
탁월한 사람입니다.

그러나 바른 사람은 아닙니다.

당신의 주변에 바른 사람이 있나요?

바른 사람의 특징이 있습니다.

정도(正道)를 걸어간다는 겁니다.

소문에 흔들리지 않습니다. 상황에 흔들리지 않습니다.

가는 길을 보면 상황과는 상관없이

'하나님은 당신의 일을 하고 계신다'는

믿음을 가지고 사는 사람입니다.

「사람의 걸음은 여호와께로서 말미암나니

사람이 어찌 자기의 길을 알 수 있으랴」(잠 20:24)

머리가 좋은 것하고 경건하고는 아무런 상관이 없습니다.

별개입니다.

그런데 사람들이 착각하는 것은

머리가 좋으면 그렇지 않은 사람보다

더 경건할 것이라는 오해입니다.

그리고 사람들은

경건한 사람보다는 머리 좋은 사람을 선택하는 것이 일반적입니다.

우리 자신에게도 한번 물어 볼까요?

당신은 머리 좋은 사람이라는 소리를 듣고 싶으시나요?

아니면 경건한 사람이라는 소리를 듣고 싶으신가요?

분명한 것은 하나님은 머리 좋은 사람이 아니라

경건한 사람을 통해

당신의 생명의 역사의 맥을 이어가신다는 겁니다!

암논의 연기가 시작되었습니다. 아픈 체 하는 연기입니다. 요란을 떨었습니다. 왕세자가 아파서 누워 있다는 것은 궁궐을 피곤하게 만들었습니다. 왕이 걱정을 하고 친히 문병(問病)을 할 정도로 요란스러운 것이 왕세자의 병환이었습니다.

암논의 연기는 웃겼습니다. 왕 다윗이 병문안할 때 암논은 비실비실한 목소리로 말을 했고 작전대로 부탁했습니다. 누이 동생인 다말이 만들어 주는 과자를 먹고 싶다고.

“아바마마, 소자 너무 오래 누워 있어 아바마마께 심려를 끼쳐 드려 송구하옵니다. 의원들이 다녀갔습니다만 차도가 없나이다. 그래서 이젠 민간에 떠도는 치료 방법을 해 보려 하나이다. 민간에서 오랜 병에는 처녀 아이가 과자를 만들어 먹여 주면 낫는다고 한답니다. 그러면 치료가 된다고 하기에 소인도 그리하려 하옵니다. 그렇다고 세자 체면에 아무 처녀 아이를 집에 들이는 것도 보기가 좋지 않고 해서 누이 동생인 다말에게 부탁을 하려 하옵니다. 아바마마께서 다말에게 기별하시어 제 치료를 위해 과자를 만들어 먹이게 해 주신다면 감사하겠나이다.”

『내 누이 다말로 와서 내가 보는 데서 과자 두어 개를 만들어 그 손으로 내

게 먹여 주게 하옵소서」(:6하)

왕세자가 누이 다말을 보고 싶다는 말에 대하여 다윗은 아무런 의심할 것이 없었습니다. 아니 오히려 우애(友愛)있는 모습이라고 생각했습니다.

❷ 삼하 13:7–14

나쁜 행동

병환으로 침상에 있던 왕세자의 부탁을 들은 다윗은 즉시 다말의 집에 사람을 보내어 암논을 위하여 음식을 차리고 문안하라고 다말에게 기별했답니다. 다윗이 암논의 거짓에 넘어간 겁니다. 50대 중반의 아버지가 20대 중반의 아들에게 속아 넘어갔습니다. 50대의 다윗이 20대의 우리아를 속였었는데 이제는 자신이 아들에게 속은겁니다.

『다윗이 사람을 그 집으로 보내어 다말에게 이르되 네 오라비 암논의 집으로 가서 저를 위하여 음식을 차리라 한지라』(:7)

다말이 아버지 다윗의 뜻을 따라 오라비 암논의 집으로 병문안을 갔습니다. 다말은 거부할 수 없었습니다. 아니 거부할 필요도 없었습니다. 암논은 장차 이스라엘의 왕이 될 사람이었고 또 오라비였기 때문입니다. 오라비 암논은 병상에 누워있었고, 다말은 그가 보는 곳에서 밀가루를 반죽하여 과자를 만들었습니다.

『다말이 그 오라비 암논의 집에 이르매 암논이 누웠더라 다말이 밀가루를 가지고 반죽하여 그 보는 데서 과자를 만들고 그 과자를 굽고』(:8)

고대(古代)에는
처녀가 병자 앞에서 마련한 음식에는
특별한 치료 효과가 있다는
「이상한 믿음」이 있었습니다. 미신적인 거였지요.
그래서 병들은 암논을 위해 처녀인 다말이 과자를 만드는 일은
환자에 대한 다말의 예의(禮義)적인 행동이었다고 할 수 있습니다.
암논은 자신 앞에서 음식을 만들고 있는 다말의 모습이
얼마나 아름다워 보였을까요?
아마도 암논은 자신의 욕정을 위해
다말의 과자 만드는 모습을
보고 싶어 했을지 모릅니다.

남자들은 보는 것으로 인하여 마음이 움직입니다.
여자들하고는 다릅니다.
그렇기에 여자들은 남자들로 하여금

죄악된 마음을 가지지 않도록
모습을 단정히 해야 합니다.
"자유"라는 명분으로
내 마음대로 옷을 입어도 된다는 생각은 위험합니다.
자유는 다른 사람을 섬기고 보호하기 위한 도구로 써야 합니다.
혹시 예쁘게 꾸미고 싶은 마음이
여자의 본능(本能)이라 할지라도
자신의 지나친 화려함과 예쁨이
다른 그리스도인의 마음을 흔든다거나
죄악의 마음을 갖게 한다면
그 본능을 다른 사람을 위해 통제(統制)하는 것이
성숙한 인격이랍니다.

길게 머리를 늘어뜨리고 예쁜 드레스를 입은 다말이 암논의 집에 왔습니다. 아버지 다윗 왕의 말을 듣고 기꺼이 암논을 찾은 겁니다. 암논은 요나답이 일러준 대로 너무 아파 침상에서 다말을 맞이하는 연기를 하였습니다. 다말은 암논 오라비 가까이 가서 동정어린 위로를 했습니다. 가까이 온 다말에게서 향긋한 향수 냄새가 풍겼습니다. 암논의 마음은 통제할 수 없이 급해지고 있었답니다. 그러나 완벽한 분위기가 될 때까진 꾹 참기로 했습니다.

다말은 암논에게 위로를 한 후 부엌으로 갔습니다. 부엌이래야 암논 침실 옆이었지요. 어여쁜 다말이 손을 걷어 가루 반죽을 하면서 움직이고 있는 모습을 암논은 하나도 놓치지 않았습니다. 다말은 왕세자 오라비의 병을 위해 자신이 좋은 일을 한다는 마음으로 기쁘게 과자를 만들고 있었답니다.

다말의 과자 만드는 모습을 보고 있던 암논의 마음은 불타고 있었습니다. 욕정으로 인한 상상의 세계 속으로 빨려 들어가고 있었습니다. 다말이 만들고 있는 과자가 먹고 싶은 게 아니었습니다. 그의 마음 속에는 다말이 과자를 가지고 온 후 일어날 일을 기다리고 있었던 겁니다.

"세자 저하, 다말 공주님께서 친히 만드신 과자이옵니다. 드시옵소서."

다말 공주를 모시는 시녀였습니다. 다말이 시녀를 시켜 암논에게 가지고 가게 한 겁니다.

"네 이년, 여기가 어딘 줄 알고 들어오느냐? 여긴 왕세자의 침실이니라. 어서 나가지 못할까?"

시녀는 얼마나 무안했는지 모릅니다. 정말 그랬습니다. 아무리 왕세자이지만 총각이 누워있는 방에 들어간다는 것이 서로에게 이상했던 것만은 분명했습니다.

"오라버니, 다말이옵니다. 과자를 제가 가지고 들어가는 건 괜찮겠죠?"

암논은 아무런 말도 하지 않았답니다.

"오라버니, 들어갑니다."

다말은 귀여운 애교를 떨면서 암논의 침실로 들어갔지요. 암논은 고개를 돌리고 있었답니다.

"오라버니, 제가 가지고 왔으니 어서 일어나셔서 이 과자를 드세요. 시집 가지 않은 이 동생 다말이 직접 만들어 왔으니 드시고 얼른 쾌차하세요. 그래서 이 나라를 잘 살피셔야 할 것 아니겠어요?"

다말은 진심어린 마음으로 암논의 건강을 걱정하면서 말했답니다.

"애들아, 너무 시끄럽구나. 내 시끄럽고 정신이 없어서 더 아픈 것 같다. 모두들 물렀거라. 조용히 있고 싶으니 내 방에서 모두 떠나, 떠나라구!"

암논은 의도적으로 사람들을 물러나게 하는 말을 한 겁니다. 그런데 그 소리를 기다렸다는 듯이 밖에서 서성거리던 요나답이 사람들에게 소리를 질렀습니다.

"야, 이놈들아, 세자 저하께서 몸이 편찮으시니 홀로 계시겠다고 하시지 않느냐. 모두들 세자 저하 방 근처에는 얼씬도 하지 말거라."

『모든 사람을 나가게 하라... 식물을 가지고 침실로 들어오라 내가 네 손에서 먹으리라』(:9하-10상)

죄는 마음 속에서 그려집니다.

그렇기에 예수님은 음욕을 마음에 품을 때부터

간음죄(姦淫罪)가 적용된다고 말씀하셨습니다(마 5:28).

마음 속에 죄를 그린 다음에는 그 죄를 이루기 위한 계획을 합니다.

그리고 그 계획을 실천하기 위해 행동을 합니다.

그런데 대부분 짓고 싶은 죄에 도달하기 위하여

그 과정이 거짓으로 범벅된답니다.

목표한 죄를 향해 가는 길은 역시 죄악이랍니다.

그래서 마음 속에 죄가 그려지면

이미 범법자(犯法者)라는 겁니다.

이러한 과정 속에 성령님은 침묵하지 않으십니다.

여러 가지 현상을 통하여

큰 죄악에 도달하지 못하도록 활동하십니다.

환경을 통하여, 마음을 통하여, 말씀을 통하여

아니면 양심의 가책을 통하여

하나님은 무던하게도 큰 죄악에 이르지 못하도록 역사하십니다.

그것이 하나님의 마음입니다.

혹시 당신이 지금 어떤 죄악을 계획하고 있지 않으신지요.

그 엄청난 죄악에 도달하기 위해

작은 거짓의 죄악들을 범하고 있지 않으신지요.

그 계획과 거짓 행동을 하나님이 알고 계십니다.

성령님이 분명히 막으실 겁니다.
성령님은 당신의 죄악을 그치게 하기 위하여
무척이나 바쁘게 활동하고 계신답니다.
그치십시오!
성령님의 활동하심을 소멸(消滅)하지 마십시오!
지금 그치는 것이 쉽지 않습니다.
그러나 그치기로 결정하면 성령님이 기뻐하십니다.
그리고 성령님이 도와주실 겁니다.

모두가 암논의 방을 떠났습니다. 아주 조용했답니다. 다말 또한 조용함을 위해 움직임을 조심스럽게 했답니다. 그런데 그녀의 그런 움직임이 암논의 마음을 더욱 불태웠습니다. 누워있던 암논이 등을 돌려 옆 의자 앉아 과자를 들고 있는 다말을 음흉하게 바라보았습니다. 물론 다말이 눈치를 채지 못하게 쳐다보는 거였지요. 암논이 먹기 싫어하는 것으로 인해 어쩔 줄을 몰라 하며 살포시 앉아 있는 다말의 모습은 그야말로 천사 같았답니다. 암논은 더 이상 참을 수가 없었습니다. 손을 뻗어 다말의 팔을 잡았답니다. 다말은 얼마나 놀랬는지요.

"오라버니, 이 과자 좀 드세요!"

다말의 말이 떨어지자마자 암논은 그녀를 잡아 당겼습니다. 그러더니 상상도 못할 일이 일어난 겁니다. 암논의 힘 있는 잡아당김에 손에 쥐고 있던 과자 그릇은 떨어졌고 다말은 거부할 수도 없이 암논의 품으로 끌려 들어간 겁니다. 그리고는 말했습니다. 차마 하기 어려운 말, 아니 할 수 없는 말을 한 겁니다. 죄에 대한 용기를 낸 겁니다.

『누이야! 와서 나와 동침하자!』(:11하)

죄는 멀쩡한 사람을 추하게 만듭니다.
훌륭하고 멋진 사람을 초라하게 만듭니다.
죄에 대한 용기를 멋이라고 하는 사람도 있습니다.
성경은 악(惡)이라고 하는데 말입니다.
참된 멋은 용기 내어 죄를 범하는 데 있는 것이 아니랍니다.
죄를 물리치는 겁니다. 죄의 자리를 피하는 겁니다.

죄는 모든 사람에게 호시탐탐(虎視眈眈) 접근합니다.
쓰러뜨려 죽이기 위한 목적으로 기회를 엿보고 있답니다.
사람들은 죄를 지으면 어떤 후유증이 찾아오는 지도
알고 있습니다.
그럼에도 불구하고 죄의 속삭임을 끊기가 쉽지 않답니다.
죄는 무서운 것입니다.
절대로! 결코! 죄를 우습게 여기지 마십시오!

결코 다시는 이런 일을 하지 않겠다고 다짐합니다만
죄의 유혹일 뿐입니다.
마치 목마른 사람이 바닷물을 마시면서

마시면 어떤 증상이 나타날 것을 알면서도 이번만 마시고
다음에는 절대로 마시지 않겠다고 약속하는 것과 같은 겁니다.
죄를 끊는 것은 무척이나 어렵습니다.
쉽게 끊을 수 없는 겁니다.
그러나 이를 악물고 죄를 끊어야 합니다!
그렇지 않으면 그 죄로 인해
당신의 인생이 파멸로 치닫게 되기 때문입니다.

암논의 죄악 행위는 다말에 의하여 거부되고 있었습니다. 다말의 죄악 거부 행위는 어쩌면 암논을 돌이키기 위한 마지막 성령의 음성이었을지도 모르지요.

"오라버니, 이러시면 안되요. 오라버니는 제게 오라버니일 뿐입니다. 이런 일은 있을 수 없는 것이고 오라버니의 인생을 망치는 일입니다. 우리 가문이 조롱거리가 되는 일이고 이스라엘이 더럽혀지는 일이오니 제발 이러지 마소서!"

『내 오라비여 나를 욕되게 말라 이런 일은 이스라엘에서 마땅히 행치 못할 것이니 이 괴악한 일을 행치 말라』(:12)

다말은 암논의 동침을 거절했습니다.
아니 거절이라기보다는
죄악이 아닌 성관계를 맺겠다는 생각입니다.

남자이건 여자이건 성(性)적인 본능(本能)이 있습니다.

그러나 이 본능이 통제되지 않으면 죄악입니다.

죄악이 아닌 성관계는 부부 사이에서만 가능합니다.

사랑을 하더라도

부부가 아닌 사람들의 성적인 관계는

성경이 허락한 적이 없습니다.

그것은 죄악입니다.

결혼할 약속을 한 사이라 하더라도

결혼 전의 성관계를 성경은 허락하지 않습니다.

죄악입니다.

결혼 전에 성관계를 맺었는데 그 사람과 결혼을 하면

죄책감이 사라질 수 있습니다만

죄책감이 잊혀진 것일 뿐이지

하나님께서 죄 없다고 하신 것은 아닙니다.

그러므로 만일 결혼 전에 성관계를 가졌다면

잘못한 일임을 인정하고 회개해야 합니다.

성경이 그렇게 말하기 때문입니다.

그 말은 잊혀졌을 뿐인 죄를 회개를 통하여 없애라는 권면입니다.

은밀한 죄

조용히 회개로 지워 버리십시오!

오늘날은 부끄러움을 모르는 시대입니다.

특히 성적인 죄를 범하고도 전혀 부끄러워하지 않는 시대입니다.

성경 속의 말씀은 그렇지 않습니다.

그것은 수치스러운 일이라고 합니다.
괴악한 일입니다. 하나님이 싫어하시는 죄입니다.

『이런 일은 이스라엘에서 마땅히 행치 못할 것이니 이 괴악한 일을 행치 말라 내가 이 수치를 무릅쓰고 어디로 가겠느냐 너도 이스라엘에서 괴악한 자 중 하나가 되리라』(12-13)

암논의 다말 범(犯)한 일에 대한 고발 내용입니다.
암논은 괴악한 일을 행한 것이었습니다.
암논의 행한 일은 수치스러운 일이었다는 것이지요.

그런데 언제부터인지 이 성적인 죄가 아무렇지도 않은 것으로
세상에 버젓하게 거리를 누비고 있답니다.
그리고 이젠 하나님의 자녀조차도
이 괴이한 일을 보고도 전혀 고통스러워하지 않는다는 겁니다.
아니 이것이 얼마나 무서운 죄인지를 알지도 못하고 있답니다.
다시 성경으로 돌아가 이 문제에 대한
하나님의 준엄한 말씀에 따라 기준을 세워야 합니다.
하나님께서 그렇게도 끔찍하게 여기시는 죄를
세상이 바뀌었다는 명분을 가지고 대수롭지 않게 취급한다면
큰 죄악입니다!

다말은 암논을 설득해 보았습니다. 거부도 했습니다. 아니 간절하게 사정도 했답니다. 그러나 그 어떤 말과 사정도 암논의 귀에는 들리지 않았습니다.

아니, 듣지 않기로 마음먹은 거였답니다. 암논도 그러면 안 된다는 걸 알았습니다. 자제해야 한다는 것도 알았습니다. 일이 벌어지고 나면 걱정스러운 일이 있을 거라는 것도 알았습니다. 그러나 양심의 소리를 짓밟았습니다. 오히려 죄악을 향해 용기를 낸 겁니다. 죄악의 맛을 보기 위해 생명의 소리에 귀를 틀어막았답니다. 다말의 옷을 벗기는 데만 온 힘을 다 쏟은 겁니다. 다말을 정복하는 데만 마음을 집중시키고 있었답니다. 짐승이었습니다. 다말은 미친 듯이 달려드는 암논에게 더 이상 저항할 수 없었습니다. 오랜 세월 동안 나라를 다스리기 위해 다져온 근육과 힘으로 다말을 정복한 겁니다.

『암논이 그 말을 듣지 아니하고 다말보다 힘이 세므로 억지로 동침하니라』 (:14)

다말이 대단합니다.
그러면서 대조적으로 생각나는 여인이 있습니다.
밧세바입니다.
그녀는 남편이 있는 여인임에도 불구하고
전혀 거절했다는 말이 없습니다.
다윗의 밧세바 범한 사건은 성(性) 폭행(暴行)이 아닙니다.
그것은 합의(合意) 하에 함께 지은 죄악입니다.
혹시 당신은 죄를 분별하지 못하고
죄를 짓고 있는 사람에게 동조하거나
합의 하에 함께 죄를 짓고 있지는 않습니까?

❸ 삼하 13:15-19
죄악이 가지고 온 결과

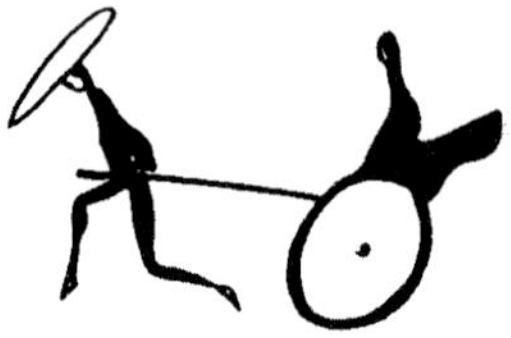

강압으로 자기의 정욕을 성취한 암논은 일(?)을 끝냈습니다. 암논의 다말에 대한 목적은 인격에 대한 사랑이 아니었습니다. 욕정(欲情)에 대한 목마름에 불과했습니다. 그것을 사랑이라고 착각하고 있었던 겁니다.

사람들은 상대를 향한 성적 욕정을 사랑이라고 생각합니다.
물론 사랑이라는 말로 표현할 수도 있겠지요.
우리 말에는 그것 말고 적합한 단어가 없습니다.
희랍어로는 이러한 육체의 욕정을 에로스라고 합니다.
에로스는 인격을 사랑하는 것이 아닙니다.
영혼을 사랑하는 것이 아닙니다.

자신의 욕심을 위해 상대방의 몸(고기 덩어리)만을 탐하는 겁니다.

그렇기에 그것이 성취되면 더 이상 관심이 없어집니다.

암논이 바로 그런 사랑, 에로스를 한 겁니다.

「그리하고 암논이 저를 심히 미워하니... 일어나 가라」(:15)

진짜 사랑은 이런 겁니다.

야곱의 라헬에 대한 사랑과 같은 사랑입니다.

야곱이 삼촌 라반의 집에서 살면서 라반의 딸 라헬을 사랑했습니다.

그래서 삼촌에게 라헬을 사랑하니 결혼시켜 달라고 부탁을 합니다.

그때 라반이 라헬을 아내로 줄 터이니

7년을 봉사하라는 제안을 하지요.

야곱은 그 제안을 받아들였습니다.

정말 한 여자를 위해 7년을 일했습니다.

7년째 되는 날, 삼촌 라반의 허락으로 결혼을 했습니다.

그리고 첫날 밤을 치뤘답니다.

기분 좋게 새색시를 끌어안고 잤습니다.

그런데 아침에 일어나 보니 어젯밤 끌어안고 잔 여인이

자신이 사모하고 사랑했던 라헬이 아니라

그의 언니 레아였습니다.

환장할 노릇이었습니다!

이것이 진짜 사랑입니다!

왜냐구요?

야곱은 7년 동안 라헬을 사랑하였지만
그의 몸을 사랑한 것이 아니기 때문입니다.
야곱은 7년 동안 라헬의 몸을 건드리지 않았습니다.
아무리 둔한 남자라도 여자를 안아보면
자신의 아내인지 아닌지는 알 수 있는데
그런데 깜깜한 밤중에 야곱은
밤새껏 레아를 끌어안고 잤음에도 불구하고
라헬을 끌어안아 본 적이 없기에 전혀 눈치채지 못한 것이지요.
야곱은 진정 라헬을 사랑했습니다.
그녀의 마음도 그녀의 영혼도 그리고 그녀의 몸도.
사랑은 상대방의 인격은 물론이요 현재와 미래를 지켜주는 겁니다.

「사랑은 오래 참고 사랑은 온유하며...
사랑은... 무례히 행치 아니하며
자기의 유익을 구치 아니하며 성내지 아니하며
악한 것을 생각지 아니하며 불의를 기뻐하지 아니하며
진리와 함께 기뻐하고 모든 것을 참으며 모든 것을 믿으며
모든 것을 바라며 모든 것을 견디느니라.」(고전 13:4–7)

암논은 다말을 정복하고 나면 기분이 좋을 것이라고 기대했었습니다. 다말을 정복하기 전까지만 해도 다말이 무척이나 예뻐 보이고 다말을 끝까지 사랑할 것이라고 믿고 있었습니다. 그리고 다말을 행복하게 해 줄 것이라고 굳게 마음을 먹었겠죠. 그런데 그렇지 않았습니다. 모든 것을 다 쏟고 나니 갑작스럽게 찾아오는 허탈함과 공허(空虛)가 있었습니다. 정말 아무 것도 아니었습니다. 이것을 위해 이런 짓을 했다고 생각하니 자신에 대하여 너무도 짜증이 났습니다.

자신의 요구에 순순히 응(應)하지 않고 거부를 하던 다말이 흐트러진 자세로 눈물을 흘리며 누워있는 모습을 보니 한심했습니다. 밀려오는 죄책감과 두려움 그리고 부끄러움으로 인해 자신을 향해 화가 났습니다. 그 화를 어딘가에 풀어야 했습니다. 그러던 차에 힘없이 처량하게 등 돌리고 누워있는 다말을 향해 분풀이를 했습니다. 그리고 소리를 질렀습니다.

"꺼져버려!"

『일어나 가라!』(:15하)

힘에 의해 자신의 몸을 빼앗긴 다말은 하늘이 무너져 내린 것 같은 수치심과 죄책감으로 인한 고통으로 어쩔 줄 몰라 하고 있었습니다. 수치스러움 속에 깊이 빠져서 눈물만 흘릴 뿐입니다. 구역질나는 것 같았습니다. 인생이 절망이었고 죽고 싶었답니다. 기운이 없었습니다. 그런데... 꺼지라는 겁니다!

암논의 나가라는 말을 들은 다말은 피가 거꾸로 솟았습니다. 자신의 인생을 망쳐 놓고... 재미 보고 싶은 대로 다 보고는 이제 별 볼일 없으니깐 꺼지라는 소리입니다. 다말은 암논의 말에 항변했습니다. 그녀의 말은 흐느낌이었고 복수의 한(恨)이 섞인 소리였습니다.

"나보고 가라구요? 그렇게는 못해요. 내 인생 다 망쳐 놓고 꺼지라니? 오라버니 이것은 악입니다. 나를 망친 악보다도 더한 악이라구!"

『가치 아니하다 나를 쫓아 보내는 이 큰 악은 아까 내게 행한 그 악보다 더하다』(:16상)

"더러운 년, 지랄하고 있네. 내가 누군 줄 알아 이년아? 이 나라의 왕세자다 이년아. 네 년이 고분고분하게 있었으면 같이 좋았을 거 아냐 이년아. 네 년이 지랄을 해서 기분 다 잡친거야 이년아. 다른 계집년들은 내 품에 안기지 못해서 안달이 나 있는데 네 년은 세자 품에 안기는 걸 악이라고 해? 복을 걷어 차는 년 같으니라구!"

암논은 다말의 거부로 상상했던 죄악을 시원하게 짓지 못해서 열을 받은 거였습니다.

"꺼져버려 더러운 년아! 여봐라, 누구 없느냐? 누가 있으면 얼른 들어와!"

시종 둘이 허겁지겁 암논의 방으로 들어왔습니다. 물론 방에는 못 볼 광경이 벌어져 있는 겁니다. 종들은 얼굴을 돌렸습니다.

"야, 이년 끌고 나가! 당장 끌어내! 그리고 집 밖으로 던지고 문을 잠가! 더러운 년이다. 더러운 년!"

『그 부리는 종을 불러 이르되 이 계집을 내어보내고 곧 문빗장을 지르라 하니』(:17)

강간보다 더 악한 일이 펼쳐지고 있습니다.
죄는 암논으로 하여금 한 여인을 정복하는 것으로
그칠 것이라고 유혹했었습니다.
그 유혹에 암논은 넘어갔습니다.
그리고 거기가 유혹의 끝이고 정상인줄 알았습니다.
그런데 그게 아니었습니다.

죄는 사람을 물어뜯고 상처만 내게 하는 것이 목적이 아닙니다.
피를 흘리게 하는 것이 목적이 아닙니다.
죄의 목적은 죽이는 겁니다.
그 죽음으로 끌고 가기 위해 죄는 또 다른 작업을 합니다.
자기 파괴입니다.
암논이 파괴되는 것을 보십시오.

『그 부리는 종을 불러 이르되
이 계집을 내어보내고 곧 문빗장을 지르라 하니』(:17)

그는 정상인이 아닙니다.
그는 왕세자도 아닙니다.
자기를 통제 못하는 광기(狂氣)어린 사람에 불과합니다.
죄는 사람을 이 지경으로 만듭니다.

죄는 계속 전진할 겁니다.
암논을 죽음으로 이끌기 위해서 말입니다.

암논의 이야기가 아닙니다.
우리들의 이야기입니다.
죄는 우리를 짜릿한 쾌감으로 유혹합니다.
이번 단 한번만 행하고
다시는 행하지 않으면 되는 거라고 유혹합니다.
단 한번으로 그칠 것이라는 자신감도 줍니다.
대부분의 사람은 넘어갑니다.
그러나 그렇지 않습니다.
결코 한번으로 그치게 하지 않습니다. 계속하게 합니다.
들키지 않을 것이라고 확신도 줍니다.
자신이 적정선까지 통제할 수 있을 것이라고 생각하게 합니다.
결코 죄 때문에 파괴되지 않을 것이라고 확신하게 합니다.
그런데 그렇지 않습니다.
죄는 사람을 마비시킵니다. 그리고 파괴합니다.
자신을, 가정을, 관계를, 사업을
인생 전체를 파괴합니다.
그 파괴력은 회복을 불가능하게 하는 매가톤급입니다.
당신이 지금 계속 죄를 짓고 있다면
파괴될 날이 얼마 남지 않았음을 기억하십시오!

나가라고 할 때 다말은 거의 옷을 입지 않은 상태였습니다. 그녀의 머리는 헝클어져 있었고 암논의 힘에 거세게 저항하였기에 파김치가 된 상태였습니다. 그런 다말을 왕세자의 힘센 하인 놈들이 강제로 침대에서 거칠게 끌어낸 겁니다. 일국(一國)의 공주가 천민 하인에 의해 발가벗겨진 상태로 끌려나오는 겁니다. 신발도 제대로 신지 못했습니다. 다말이 아무리 소리를 질렀지만 힘센 암논의 하인은 개를 끌고 나오듯 공주를 끌고 나왔습니다. 문 밖으로 던지듯 밀어냅니다. 옷도 던졌습니다. 하인은 큰 대문을 꽝 닫았습니다. 그리고는 문빗장을 질렀답니다.

다말은 기가 막혔습니다. 곱고 예쁜 그녀의 얼굴은 눈물로 범벅이 되어 있었습니다. 헝클어진 자태(姿態)는 그녀를 마치 실성(失性)한 사람으로 보이게 했습니다. 빗장 질러지는 문소리를 들으면서 던져진 옷을 주어 입었습니다. 공주만이 입을 수 있는 채색 옷이었습니다. 그녀는 자신이 입은 그 옷을 갈기갈기 찢었습니다. 그리고 흙을 주어 머리에 뒤집어썼습니다. 찢어진 옷 그리고 뒤집어 쓴 먼지로 인해 땀과 엉켜 떡이진 머리카락, 눈물에 얼룩진 얼굴, 그리고 속살이 들여다보이는 찢어진 옷... 다말의 모습이었습니다. 그녀는 손을 머리 위에 얹었습니다. 그리고 큰 소리로 엉엉 울면서 거리를 걸었습니다. 엉엉 울면서.

『다말이 재를 그 머리에 무릅쓰고 그 채색 옷을 찢고 손을 머리 위에 얹고 크

게 울며 가니라」(:19)

암논은 재미를 보고 나면 그것으로 끝날 줄 알았습니다. 다른 문제가 생길 것이라고는 생각도 못했습니다. 보기 싫은 다말을 쫓아내면서도 앞으로 생길 일에 대해서는 전혀 생각을 못했습니다. 그런데 다말이 정신 나간 사람처럼 울면서 거리를 걷고 있다는 겁니다. 자신의 집에서는 쫓아낼 수 있었으나 흙을 뿌리고 옷을 찢고 거리를 걷는 것은 자신의 힘으로 막을 수 있는 일이 아니었습니다. 온 하늘에, 온 땅에, 나무들에게, 하늘의 새들에게, 우직이 박혀 있는 크고 작은 돌들에게, 이사람 저사람에게 보여주고 있었답니다. 암논 왕세자에게 강간당했다는 걸 말입니다. 스쳐지나가는 바람이 강간당한 다말의 몸에 닿아 암논에게 당했음을 느끼고는 어디론가 가고 있었습니다. 다말 공주가 왕세자 암논에게 폭행당했다는 사실을 묻혀가지고 날아가고 있던 겁니다.

「다말 공주가 왕세자 암논에게 강간당하다!」

다말의 소리없는 고발로 암논의 고통이 시작되고 있었습니다.

4 삼하 13:20-22
시작되는 갈등

다말의 비참한 행보(行步)의 소식이 예루살렘 온 성에 빠르게 퍼졌습니다. 왕가(王家)에서 일어난 성(性) 문제(sex scandal)였기에 소문은 더 빠르게 번졌습니다.

"왕세자 암논이 배다른 누이동생 다말을 겁탈했대..."

이 사건은 왕실 속에서, 예루살렘 성에서 그리고 이스라엘 전역에서 톱뉴스(Top News) 거리로 퍼져가고 있었습니다. 왕가(王家)의 수치였습니다. 더욱이 다말의 친모(親母) 쪽으로는 엄청난 부끄러움이자 자존심의 문제였습니다. 무엇보다 다말의 친 오라비인 압살롬에게 걷잡을 수 없는 분노가 치밀고 있었습니다.

압살롬이 동생 다말에게로 달려갔습니다. 그녀의 모습은 정신 나간 모습이었습니다. 압살롬은 피하는 동생을 포근히 안으며 마음으로 위로했습니다. 그리고 사건 정황을 차근차근 물어 보았습니다.

"다말, 암논과 같이 있었다고?"

압살롬의 물음에 다말은 분함과 고통이 또 솟았는지 참을 수 없는 울음을 터뜨렸답니다. 오라비 압살롬의 품에서 숨이 끊어지는 듯한 울음을 터뜨리고 있었답니다.

『네 오라비 암논이 너와 함께 있었느냐?』(:20상)

압살롬의 복수(復讐) 계획이 시작되었습니다. 그러나 지금은 아닙니다. 암논이 압살롬의 복수(復讐)를 예견하고 있을 수 있기 때문입니다. 그리고 암논에게는 왕세자로서의 힘이 있었기 때문에 지금은 적기(適期)가 아니었습니다. 때를 만들기로 했습니다. 압살롬은 울고 있는 다말을 꼭 안았습니다. 말없이 그녀의 머리를 쓰다듬으며 위로하던 압살롬이 조용히 말했습니다.

"다말, 가만히 있거라. 지금은 억울하고 분해도 잠잠하거라. 그는 세자가 아니냐? 지금은 가만히 있어야 할 때이니라. 그러나 이 억울한 일이 이렇게 그치지는 않으리라!"

압살롬의 눈에서 눈물이 흐르고 있었습니다. 누구보다도 누이동생을 사랑하던 오라비의 분함이었습니다.

『누이야 시방은 잠잠히 있고 이것으로 인하여 근심하지 말라』(:20중)

다말은 아마도 대인(對人) 공포증(恐怖症)에 걸린 것이 아닌가 하는 생각이 듭니다. 어린 아가씨가 갑작스럽게 성폭행을 당했으니 얼마나 황당했겠는지요? 더군다나 오라비에게 당한 것이니 정신적인 충격이 대단했을 겁니다. 그 후유증으로 인한 두려움으로 다말은 자기 집에 있지 못하고 오라비 압살롬의 집에서 머물렀답니다. 그렇게 밝고 명랑했던 처녀가 정신 나간 사람처럼 지내고 있었답니다.

『다말이 그 오라비 압살롬의 집에 있어 처량하게 지내니라』(:20하)

문제는 다윗에게서 나타났습니다.
다윗도 암논의 괴악한 소문을 들었습니다.
가정의 수치였습니다만
과거에 자신이 저지른 범죄를 생각하니
아들의 행위가 악함에도 불구하고
큰소리치지 못했을 것으로 추측됩니다.
그러나 성경은 그 상황을 의미심장하게 보고하고 있습니다.
우리말 개역 성경과 영어 성경의 번역이 다르기에
신중하게 선택을 해야 합니다.

「다윗 왕이 이 모든 일을 듣고 심히 노하니라」(:21)

「When king David heard of all these things,

he would not punished his son Amnon,

because he loved him, for he was his first born.」 (NRSV)

이 번역은 70인 역을 번역한 겁니다.*

암논의 엄청난 죄악을 알고도 아무런 조치를 취하지 않고 있는 아버지 다윗의 태도가 압살롬에게는 무척이나 한심하게 보이기도 했고 분하기도 했습니다. 그래서 아버지가 하지 않으면 그 못된 짓에 대한 벌을 내가 내리겠다고 압살롬은 결심했답니다. 압살롬은 말이 없어졌습니다. 더군다나 암논과는 아무런 말도 주고받지 않는 껄끄러운 상태로 지내고 있었답니다. 그의 가슴 속에는 복수를 위한 생각들이 이글거리고 있을 뿐이었습니다.

---

*) NRSV(New Revised Standard Version/새 개정 번역판)에 따르면 다윗은 죄를 범한 암논을 벌하지 않았습니다. 그 이유는 장자로서 자신의 왕위를 이을 아들이었기 때문인 것 같습니다. 자식의 기분을 상하게 할까봐서 자식의 잘못에 대한 응당(應當)의 책벌을 하지 않는 것은 좋은 부모가 아닙니다.

악한 부모입니다. 어떤 면으로는 엘리 제사장과 같은 방식으로 자식을 사랑하고 있는 것 같습니다. 자식은 정말 힘든 존재입니다. 자식에 대해서는 옳고 그른 것을 분별하지 못하게 되니 말입니다.

시간시간마다 압살롬은 복수를 꿈꾸며 기회를 만들어가고 있었습니다. 그 때 일을 기억하는 모든 사람의 생각 속에서 암논의 악하고 파렴치한 행위가 잊혀져가고 있을 때까지 기다렸습니다. 암논 자신이 보복을 당할 것에 대한 긴장을 풀 때까지 기다린 겁니다. 그러나 아무 일이 없었다는 것처럼 웃고 지내는 것은 불가능했었는가 봅니다. 암논과의 껄끄러운 시간들이 조용히 지나가고 있었습니다.

『압살롬이 그 누이 다말을 암논이 욕되게 하였으므로 저를 미워하여 시비 간에 말하지 아니하니라』(:22)

5 삼하 13:23-33
복수(復讐)

다말 사건이 있은 후 2년의 세월이 지나가고 있었습니다. 암논은 긴 시간이 아무런 일 없이 지나간 것으로 인해 자신이 지은 죄로 인한 죄책감과 두려움들도 희미해져갔습니다. 또 압살롬 측에서 별다른 움직임이 없자 자연히 긴장이 풀렸습니다. 그러나 압살롬은 그렇지 않았습니다. 압살롬은 이런 때를 기다리고 있었던 겁니다.

2년이라는 기간이 어떤 이에게는 짧은 기간일 수도 있습니다.
그러나 어떤 이에게는 무척이나 악몽같은 시간들이었을 겁니다.
특히 다말에게 그 2년은
창피함과 수치, 공포와 상처로 인한 괴로움의 기간이었을 겁니다.

다윗에게 2년은 자식들의 문제로 인한 고통의 기간이었을 것이고
아버지로서 상당히 힘들었던 때였을 겁니다.
그러나 압살롬에게 2년은 복수의 칼을 갈고 있던 기간이었습니다.

지금 우리는 어떤 시간을 보내고 있습니까?
다말과 같은 아픔의 시간을 보내고 있습니까?
아니면 다윗과 같이 자식들로 인한 고통의 시간을 보내고 있습니까?
혹시 압살롬처럼 복수의 칼을 갈며
시간을 보내고 있지는 않으신지요.

모두 풀어야 합니다.
다말도 받은 상처를 치유받고 그를 용서하는 기간이어야 합니다.
다윗은 자식을 위해 기도하고 바르게 교육하는
기간이어야 합니다.
압살롬은 분을 풀어야 하는 기간이었어야 합니다.
그런데 어느 누구도 신앙적으로 문제에 접근한 흔적이 없습니다.

분(憤)은 해질 때에 함께 사라지게 해야 합니다.
그것은 생각하면 생각할수록 점점 더 커지게 되어 있습니다.
압살롬의 2년 동안 키워온 분(憤)은
결국 모두를 망하게 하는 살인으로 매듭을 짓고 말았답니다.

압살롬은 가장 기분 좋은 날을 복수의 날로 잡았습니다. 양털 깎는 날을

살육(殺戮)의 날로 정한 겁니다. 장소는 예루살렘에서 멀리 떨어진 에브라임이었습니다. 암논을 살해한다는 것은 간단한 행위가 아니었습니다. 한 나라의 왕세자를 죽이는 거사(擧事)입니다. 압살롬은 완벽한 계획을 했습니다. 먼저 암논을 자신의 양털 깎는 축제의 장소로 초청하는 일을 꾸몄습니다. 지금까지 말을 하지 않았던 관계였으므로 갑자기 초청을 하면 눈치를 챌 수가 있기에 암논이 아닌 다윗 왕을 초청하는 형식을 취한 겁니다. 양털 깎는 장소에 국왕이 온다는 것은 쉬운 일이 아님을 알고 꾸민 일이였습니다. 아니 틀림없이 왕은 오지 않는다는 걸 알고 있었던 겁니다. 왕을 초청했을 때 오지 않겠다고 하면 왕 대신 왕세자를 모시고 싶다고 전했습니다. 암논으로 하여금 왕세자 대접받는 생각을 넣어 주면, 왕세자 암논이 분명 올 것이라는 확신을 가지고 세운 작전이었습니다.

"아바마마, 소인이 몇 년 만에 큰 축제를 열려 하옵니다. 오랜 만에 양털을 깎게 되었습니다. 그래서 아바마마와 형님들을 모시는 것은 물론 아우들과 대소신료들을 모시고 기쁨을 나누고자 하오니 꼭 아바마마께서 참석해 주시길 소원하옵니다. 아바마마께서 오신다면 큰 영광이기 때문이옵니다."

압살롬의 부탁이었습니다.

"아니다. 내 너의 양털 깎는 축제에 가고는 싶다만 내가 가면 형제들이나 대소신료들이 얼마나 불편하겠느냐? 그러니 너희들끼리 즐거운 시간을 갖도록 하려무나."

"아바마마, 섭섭하옵니다. 그러나 국사로 인해 아바마마께서 못 오신다면 아바마마 대신에 왕세자이신 암논 전하라도 꼭 보내셔서 왕실의 축제를 빛내도록 해주시길 바라옵니다."

"그래, 그렇게 해야지. 그래야 그 자리가 빛나겠구먼. 왕세자를 내 대신 보내도록 하마!"

『이 주년 후에 에브라임 곁 바알하솔에서 압살롬의 양털을 깎는 일이 있으매 압살롬이 왕의 모든 아들을 청하고 왕께 나아와 말하되 이제 종에게 양털 깎는 일이 있사오니 청컨대 왕은 신복들을 데리시고 이 종과 함께 가사이다 왕이 압살롬에게 이르되 아니라 내 아들아 우리가 다 갈 것이 없다 네게 누를 끼칠까 하노라 압살롬이 간청하되 저가 가지 아니하고 위하여 복을 비는지라 압살롬이 가로되 그렇게 아니하시려거든 청컨대 내 형 암논으로 우리와 함께 가게 하옵소서 왕이 저에게 이르되 그가 너와 함께 갈 것이 무엇이냐 하되 압살롬이 간청하매 왕이 암논과 왕의 모든 아들을 저와 함께 보내니라』(:23-27)

암논을 차세대 왕으로 예우(禮遇)하여 오도록 하는 계획이 맞아 떨어졌습니다. 물론 왕세자가 행차하는 자리이기에 다른 형제들도 초청되었습니다. 암논은 압살롬의 복수 계획을 전혀 눈치챌 수 없는 상황이었습니다. 압살롬이 배설한 잔치는 대단했습니다. 왕을 모시기 위한 잔치였으니까요. 흥(興)이 있었고 술이 있었습니다. 기분 좋은 자리였습니다. 왕세자 암논도 무척이나 기분이 좋았습니다. 그 동안은 압살롬에게 섭섭했지만 이 일을 통해서 압살롬과 화해가 되기를 은근히 기대하고 있었습니다. 형으로서 그 동안 압살롬의 퉁명스러웠던 행동들을 용서해야겠다고 마음을 먹고 있었습니다.

왕자들은 물론 왕세자께서 좌석하신 곳이기에 보안(保安)상 칼을 찬 자들이 경계하고 있었습니다. 당연한 조치였습니다. 칼을 찬 사람들은 다른 손님에게는 물론 왕세자 암논에게도 전혀 이상한 사람들이 아니었습니다. 당연한 보안 요원들이라고 생각했습니다.

잔치는 흥을 따라 고조되고 있었습니다. 많이들 마셨고 기분도 하늘을 찌르고 있었습니다. 다른 왕자들은 물론 왕세자 암논도 술에 흥건하게 취했습니다. 모두가 술기운으로 인해 흥청대고 정신을 차리지 못하고 있었습니다만 압살롬은 술을 입에 대는 시늉만 했을 뿐 전혀 술 취하지 않았답니다.

잔치가 한참 무르익고 있는데 갑자기 압살롬이 일어나더니 흥청거리는 암논을 향해 비웃는 겁니다. 조소하는 겁니다. 술에 취한 농담이겠거니 했는데 그게 아니었습니다. 압살롬의 암논을 향한 말투를 들은 주변의 왕자들이 놀라서 정신을 차렸습니다. 그때, 압살롬이 잔치를 호위하고 있던 군사들을 향하여 명령하는 겁니다.

"애들아, 저 개같은 왕세자 암논을 죽여 버려!"

경계 근무를 서던 병사들이 칼을 뽑아 왕세자 암논에게 다가갔습니다. 그리고 형제들이 보는 앞에서 왕세자 암논을 난자(亂刺)했습니다. 왕세자 암논은 한마디 말도 하지 못하고 동생 압살롬의 신복들에게 그렇게 살해되었습니다. 왕세자 암논 맏형이 압살롬에게 처참하게 살해된 겁니다.

갑자기 일어난 엄청난 살인 사건에 나머지 왕자들은 얼마나 놀랐는지요. 더 이상의 살해는 없었습니다만 언제 또 다른 살해 명령이 떨어질지 몰라 허겁지겁 노새를 타고 줄행랑을 쳤답니다.

『왕의 모든 아들이 일어나 각기 노새를 타고 도망하니라』(:29하)

압살롬은 이렇게 해서 2년 전 강간당한 누이동생 다말의 원통함과 억울함에 대한 원수를 갚았습니다.

대단한 사건입니다. 엄청나게 큰 뉴스거리였습니다. 그곳에 모인 군사들이 보았고 왕자들의 신하들도 보았고 일하는 사람들도 보았습니다. 2년 만에 다시 나타난 왕실의 비극적인 뉴스였습니다. 사건의 소식은 백성들 사이로 빠르게 퍼졌습니다. 예루살렘이 상당히 먼 곳인데도 입에서 입으로 전해지는 소문은 기력을 다해 달린 왕자들의 말들보다 더 빨리 왕궁에 닿았답니다.

"전하, 큰일이 났사옵니다."

"무슨 일인고?"

"전하, 압살롬 왕자께서 에브라임에 마련한 잔치 도중에 왕자들에게 변고가 생겼다는 전갈이옵니다. 압살롬 왕자가 그 잔치에 참여한 모든 왕자를 살해했다는 보고이나이다."

"뭐? 지금 뭐라고 했는고? 모든 왕자가 압살롬에게 살해를 당했다고?"

『저희가 길에 있을 때에 압살롬이 왕의 모든 아들을 죽이고 하나도 남기지 아니하였다는 소문이 다윗에게 이르매』(:30)

다윗은 2년 전에 암논으로 인하여 아픔을 겪었었습니다. 그리고 잊을 만한 세월이 지났는데 이번에 또 자식으로 인한 고통의 소식을 들은 겁니다. '압살롬이 모든 아들을 죽였다'는 소식을.

다윗은 어이가 없었습니다. 기가 막힌 노릇이었습니다. 그 고통이 얼마나 컸는지 신하들 앞에서 옷을 찢으며 쓰러진 겁니다. 그걸 보고 있던 주변의 신하들도 왕의 자녀들 가운데 일어난 일의 소식으로 인해 왕과 함께 옷을 찢으며 슬퍼했답니다.

『왕이 곧 일어나서 그 옷을 찢고 땅에 엎드러지고 그 신복들도 다 옷을 찢고 모셔 선지라』(:31)

자식이 부모에게 행복과 기쁨을 주는 경우도 있지만

그런 경우가 얼마나 되겠습니까?
어렸을 때는 육통(肉痛)을 준답니다.
청소년기에는 두통(頭痛)을 준답니다.
그리고 성인이 되어서는 심통(心痛)을 준답니다.

30세 이후에 여인을 얻어 아이를 하나씩 얻을 때
다윗은 얼마나 좋았을까요?
그런데 세월이 흘러 이제는 품 안의 자식들이 아닙니다.
자신들의 삶을 통제받지 않고 살아가는 성인이었습니다.
아버지의 마음에 통증을 가져다 주는
자식들이 되었다는 말입니다.

간신 요나답이 왕자의 난 소식을 들었습니다. 2년 전 암논의 다말 강간 사건의 배후 조종자였습니다. 그런 요나답이 마치 선견지명(先見之明)이 있는 것처럼 이 사건에 대한 진상(眞想)과 결과에 대하여 가슴 아파하고 있는 다윗 왕에게 말합니다. 마치 다윗 왕이 걱정하고 있는 것을 알고 있는 것처럼.

"전하, 소인 요나답이옵니다. 지금 들으신 왕자들 모두가 죽임을 당했다는 말에 상심치 마소서. 비통하긴 하지만 분명 암논 왕세자만 죽임을 당했을 것이옵니다. 압살롬 왕자께서 이전 다말 공주 사건으로 인해 그때부터 암논 왕세자에 대한 분한 마음을 가지고 있었나이다. 아마도 그로 인해 오늘의 일이 있었을 것이고 그래서 암논 왕세자만 죽임을 당했을 것이라 사료되옵니다. 나머지 왕자들은 죽지 않으셨을 것이옵니다."

『다윗의 형 시므아의 아들 요나답이 고하여 가로되 내 주여 소년 왕자들이 다 죽임을 당한 줄로 생각지 마옵소서 오직 암논만 죽었으리이다 저가 압살롬의 누이 다말을 욕되게 한 날부터 압살롬이 결심한 것이니이다 그러하온즉 내 주 왕이여 왕자들이 다 죽은 줄로 생각하여 괘념하지 마옵소서 암논만 죽었으리이다』(:32-33)

똑똑한 체해서 왕의 신임을 받으려는
요나답의 간사함이 얄밉습니다.
보십시오. 요나답의 말투를.

『요나답이 왕께 고하되 왕자들이 오나이다
종의 말한 대로 되었나이다』(:35)

인생을 사는 동안
사람을 만나지 않을 수는 없습니다.
그러나 우리 주위에 선하고 좋은 사람이 있도록
기도해야 합니다.
요나답과 같은 사람은 절대로 있어서는 안 되는 사람입니다.
혹시 나는 다른 사람에게
요나답과 같은 간사한 사람은 아닌지요?

❻ 삼하 13:34-39
압살롬의 가출(家出)

압살롬은 자신이 왕세자를 죽였다는 것이 얼마나 큰 죄인 줄 알고 있었습니다. 수년 동안 계획한 일을 해냈습니다만 일을 끝내고 나니 생각하지 못했던 것들이 밀려 왔습니다. 두려웠습니다. 암논을 죽여야겠다는 집념 때문에 그 후 어떤 일이 일어날지 알았지만 그리 심각하게 생각하지 않았던 거지요. 그런데 원수 암논을 죽이고 나니 갑작스럽게 예상치 못한 두려움이 거세게 밀려오는 겁니다. 겁이 났습니다.

암논은 누이동생 다말의 인생을 망친 원수였지만 그래도 아버지 다윗의 뒤를 이을 왕세자였습니다. 그렇기에 암논을 죽인 동기가 어떻든지 간에 그것은 역모(逆謀) 사건입니다. 그 죄는 용서받기 어렵다는 것을 알고 있었습니다. 얼마나 무서웠던지 자신이 죽을 것이라는 생각이 밀려온 겁니다. 그래서 도망한 곳이 자신의 외할아버지 나라였습니다.

『압살롬은 도망하여 그술 왕 암미훌의 아들 달매에게로 갔고』(:37상)

다윗 왕은 졸지에 두 아들을 잃었습니다. 왕세자 암논을 잃은 슬픔에다가 왕세자가 동생에게 살해된 것에 대한 고통, 그리고 형을 죽이고 도망간 압살롬에 대한 분함이 그리움으로 변하는 심통(心痛)... 3년의 세월이 그렇게 흘러갔습니다. 다윗의 마음이 썩어간 세월들이었답니다. 3년...

『다윗은 날마다 그 아들을 인하여 슬퍼하니라 압살롬이 도망하여 그술로 가서 거한 지 삼년이라 다윗 왕의 마음이 압살롬에게 향하여 간절하니 암논은 이미 죽었으므로 왕이 위로를 받았음이더라』(:37하-39)

아버지의 마음이었습니다.

죄를 짓고 아버지를 떠난 사람이 있습니다.
아버지에게 미안해서 돌아오지 못하는 사람도 있습니다.
어떤 사람은 아버지에게 혼이 날까봐
무서워서 돌아오지 못하는 사람도 있습니다.

혹시 당신은 아버지를 떠나 있지는 않습니까?

그리고 몇 년이 되셨습니까?

압살롬은 3년 동안 아버지가 무서워서 떠나 있었습니다.

그런데 아버지 다윗의 마음은

형을 죽이고 도망간 아들이 보고 싶은 겁니다.

하나님 아버지도 떠나있는 당신을 보고 싶어 하십니다.

떠난 탕자를 기다리는 아버지처럼 말입니다.

『다윗 왕의 마음이 압살롬에게로 향하여 간절하니』(:39하)

❼ 삼하 14:1-20

요압의 다윗 마음 헤아림

다윗과 오랜 세월을 함께 해 온 요압은 다윗의 마음을 누구보다도 잘 알고 있는 사람입니다. 그야말로 생사고락을 함께 해왔으므로 다윗의 말투와 눈동자, 움직임 하나만 보더라도 다윗의 심기를 읽을 수 있었던 겁니다. 지금, 아들 압살롬 문제로 인해 다윗이 어떤 마음의 고통을 겪고 있는지를 알고 있었던 거지요. 형을 죽인 나쁜 놈이라는 분한 감정과 더불어 두려움으로 예루살렘을 빠져나가 외할아버지 집으로 도망간 압살롬에 대한 측은한 감정이 섞여 이러지도 저러지도 못하는 다윗의 마음을 알고 있었던 겁니다.

『스루야의 아들 요압이 왕의 마음이 압살롬에게로 향하는 줄 알고』(:1)

요압은 다윗의 마음을 풀어주어야겠다는 생각을 했습니다. 자신이 아니면 아들 압살롬으로 인해 다윗이 전전긍긍하고 있는 것에 대하여 바른 말을 해줄 수 있는 사람이 아무도 없다는 것을 알고 있었지요. 그뿐아니라 왕으로서의 다윗이 정상을 되찾아야 나라를 바르게 통치할 수 있기 때문에 나서기로 한 겁니다.

오래 전부터 알고 지내던 드고아에 사는 한 여인에게 도움을 구하기로 했습니다. 그녀는 아주 영특하고 지혜로운 여인이었고 믿을 만한 사람이었습니다. 왕을 만날 기회를 만들어 줄 테니 자신이 하는 말을 실수 없이 왕께 전하라고 하면서 말입니다. 여인도 흔쾌히 허락했답니다. 왕과 국가를 위한 일이었기 때문입니다. 요압이 여인에게 말하기 시작했습니다.

"한 과부에게 두 아들이 있었는데 큰 아들과 작은 아들이 싸우다가 큰 아들이 작은 아들을 죽였다네. 이 비극적인 사건이 온 동네에 퍼졌지. 그런데 그 마을 사람들은 이 불행한 사건을 가지고 법을 따지면서 재판을 해야겠다는 거야. 다시 말하면 동생을 죽인 큰 아들에게 죄 값을 물어 법대로 죽이겠다는 이야기이지. 그러니 여인은 얼마나 황당하겠는가? 남편 없는 것도 버거운데 작은 아들이 죽었으니 얼마나 기가 막히겠어? 그것도 형에게 살해되었으니 말이야! 그런데 마을에서는 큰 아들까지 죽이겠다고 하니 정말 기가 막힌혔지. 물론 살인자를 법대로 처형해야 한다는 마을 사람들의 결정이 틀린 것은 아니지만 그렇게 되면 이 여인은 두 아들을 다 잃게 되는 것이니 얼마나 절망스러웠겠는가? 이럴 때 이 일을 어떻게 풀어야 하는지를 자네가 왕께 부탁해 보게나. 마치 자네의 일인 것처럼 말이야! 그러니 왕을 만날 때는 남편도 죽고 아들까지 죽은 처지에 있는 처절한 여인처럼 하고 만나야 하네. 화장을 해도 안 되고 옷도 상복을 입고 만나게나. 얼굴도 많이 운 사람처럼 좀 부었으면 좋겠네. 부탁하이. 나라를 위한 일일세."

『드고아에 보내어 거기서 슬기 있는 여인 하나를 데려다가 이르되 청컨대 너는 상제 된 것처럼 상복을 입고 기름을 바르지 말고 죽은 사람을 위하여 오래 슬퍼하는 여인 같이 하고 왕께 들어가서 여차여차히 말하라고 할 말을 그 입에 넣어주니라』(:2-3)

요압이 다윗의 마음을 헤아려주는 모습이 고맙게 보입니다.
아버지와 아들의 화해를 위해 애쓰는 마음이 아름답네요.
화해를 만들어 가는 사람은 아름다운 사람입니다.
그것도 아주 지혜롭게 화해를 만들어가고 있기에
더 아름답게 보인답니다.
화해를 기다리면서도
자존심 때문에 전전긍긍하는 사람들이 있답니다.
우리가 그 사이에 들어가야죠. 화해를 위해서 말입니다.
우리가 지혜를 짜내야죠. 불편함 없는 화해를 위해서 말입니다.

화해를 만들어가는 사람들,

아름다운 사람이랍니다.

여인과 헤어진 요압은 여인으로 하여금 왕을 만날 수 있도록 여러 복잡한 경로를 처리했습니다. 그리고 아주 자연스럽게 여인으로 하여금 왕에게 사정을 아뢸 수 있는 기회를 만들었답니다. 여인은 요압이 일러 준 말을 되새기면서 왕 앞으로 나아갔습니다. 여인은 요압과 이야기한대로 슬픔과 두려움을 가진 사람처럼 모습을 꾸몄습니다. 여인은 무척이나 떨렸습니다. 왕 앞이기도 했지만 자기가 하고 있는 일이 왕을 속이는 연극이었기 때문입니다. 들키면 죽을 각오를 해야 했습니다.

여인은 숨을 한번 크게 들이키고 침을 꿀꺽 삼키더니 연극을 시작했습니다.

"전하, 이 년은 드고아에서 온 년이옵니다. 이제 이 년의 아픔을 들으시고 도우소서!"

"말하라. 무슨 사연인고?"

"전하, 이 년은 오래 전 결혼하여 두 아들을 낳았나이다. 그런데 이 년의 인생이 박복(薄福)한지라 둘째 아이가 서너 살 때 아이의 아비되는 자가 세상을 떴나이다. 하여 과부된 몸으로 두 아들을 지금까지 힘들게 길러야 했습니다. 그런 세월이 십수 년, 많은 아픔과 고통이 있었으나 아들들만을 바라보면서 모진 고생을 꾹 참고 살아왔지요. 그런데 얼마 전에 이놈들이 무슨 일로 다투다가 그만 큰 놈이 작은 놈을 죽였습니다. 마을 사람들이 말하는 살인을 한 겁니다요. 전하, 이 년의 마음이 어떠했겠습니까? 둘째 놈이 형에게 맞아 죽었다는 에미의 심정을 아시나이까? 이 년이 이리도 복이 없는 년이옵니다. 제가 전하를 찾아온 것은 다른 것이 아니라 마을 사람들이 제 큰 아이를 죽이려 한다는 겁니다. 살인에 해당하는 벌은 죽는 거라고 하면서 사형을 시켜야 하니 아들을 내놓으라는 거지요. 전하, 이 년 좀 살려 주십시오. 남편도 죽었습니다. 둘째 아들도 죽었습니다. 그것도 힘든데 이제 동생을 죽인 죄인이라고 하면서 큰 놈까지 죽여야 한다면 이 년은 어찌 살겠나이까? 전하, 이 년의 큰 놈이 살인자이긴 하지만 그놈마저 없으면 이제 살 수가 없나이다!"

> 『드고아 여인이 왕께 고할 때에 얼굴을 땅에 대고 엎드려 가로되 왕이여 도우소서 왕이 저에게 이르되 무슨 일이냐 대답하되 나는 참 과부니이다 남편은 죽고 아들 둘이 있더니 저희가 들에서 싸우나 말려 줄 사람이 아무도 없으므로 저가 이를 쳐 죽인지라 온 족속이 일어나서 왕의 계집종 나를 핍박하여 말하기를 그 동생을 죽인 자를 내어놓으라 우리가 그 동생 죽인 죄를 갚아 저를 죽여 사자 될 것까지 끊겠노라 하오니 그러한즉 저희가 내게 남아 있는 숯불을 꺼서 내 남편의 이름과 씨를 세상에 끼쳐두지 아니 하겠나이다』(:4-7)

다윗 왕은 통곡하는 여인의 말을 들으면서 마음이 울적했습니다. 옳고 그른 것을 따지기보다는 여인의 심정이 얼마나 아플까 하는 마음 때문이었죠. 한참 동안이나 침묵하다가 조용히 말하기 시작했습니다.

"네 처지가 가엽구나. 법대로라면 살인자는 죽어야 함이 마땅하지만 사람이 어찌 법대로만 살겠는고. 짐이 왕의 이름을 걸고 자네 아들을 죽이지 못하게 하리니 평안히 돌아가라."

"전하, 이 년의 큰 아들의 살인죄는 제게로 돌리소서. 이 년이 대신 그 죄값을 받겠나이다."

"아니다. 내 너의 상황을 참작하여 네 큰 아들이 죽을 죄를 지었다 하더라도 어느 누구도 그 죄에 대하여 이렇다 저렇다 말 못하게 할 것일 뿐 아니라 네게도 아무런 일을 하지 못하게 할 것이니 염려하지 말거라."

"정말이옵니까? 정말 이 년뿐 아니라 제 큰 놈까지 살게 하실 것이옵니까?"

"암, 걱정하지 말거라. 아무도 너와 네 아들을 건드리지 못할 것이니라."

『왕이 여인에게 이르되 네 집으로 가라 내가 너를 위하여 명령을 내리리라 드고아 여인이 왕께 고하되 내 주 왕이여 그 죄는 나와 내 아비의 집으로 돌릴 것이니 왕과 왕위는 허물이 없으리이다 왕이 가로되 누구든지 네게 말하는 자를 내게로 데려 오라 저가 다시는 너를 건드리지도 못하리라 여인이 가로되 청컨대 왕은 왕의 하나님 여호와를 생각하사 원수 갚는 자로 더 죽이지 못하게 하옵소서 내 아들을 죽일까 두려워하나이다 왕이 가로되 여호와의 사심을 가리켜 맹세하노니 네 아들의 머리카락 하나라도 땅에 떨어지지 아니하리라』 (:8–11)

「살인자」로 보면
처벌을 받으라고 말한답니다.
그러나 「아들」로 보면 용서하고 사랑하게 됩니다.
죄인으로 보면 죄 값을 물어야 합니다.
그러나 자식으로 보면 죄가 보이지 않습니다.

사회에서도 마찬가지입니다.
죄와 그 값을 냉정하게 따지는 사람은
피가 섞이지 않은 사람입니다.
그러나 피가 섞인 사람은 어떤 죄를 지었다 하더라도
죄 지은 사람을 탓하지 않습니다.
모질지 못한 내 인생의 십자가라고 생각을 한답니다.
자식이 나쁘게 되었을 때
자식이 나쁜 놈이라고 생각하는 부모는 아무도 없습니다.
모두가 자신 탓이라고 말합니다.
그 말은 자식에게는 용서를 하느냐 하지 않느냐의 문제가 아니라
단지 자식일 뿐이라는 말입니다.
자식은 죄를 범한 놈(?)이라도,

모두가 죄인이라고 손가락질 한다 하더라도

부모에겐 죄인이 아닙니다. 사랑스런 존재일 뿐입니다!

"전하, 전하의 은혜에 감사하나이다. 이제 이 년이 한 마디만 더 청을 하옵니다. 들으소서."

"어서 말하라."

"전하, 전하께서는 어찌하여 내어 쫓긴 압살롬 왕자님을 찾지 않으시는지요? 전하께서 제가 당한 아픔을 이해하시고 제 큰 아들의 살인죄를 용서해 주신다고 하시지 않으셨습니까? 그러하시오면 전하께서도 집 나간 왕자님을 찾아 돌아오게 하셔야 할 것이 아닌가 생각되옵니다. 죽으신 분은 죽으신 분이고 살아 계신 분에게는 자비를 베푸셔야 하는 줄 아옵니다. 왕께서는 선과 악을 구분하시는 분인 줄 아옵니다. 감히 이 년 아뢰옵니다."

『여인이 가로되 청컨대 계집종을 용납하여 한 말씀으로 내 주 왕께 여쭙게 하옵소서 가로되 말하라 여인이 가로되 그러면 어찌하여 왕께서 하나님의 백성에게 대하여 이 같은 도모를 하셨나이까 이 말씀을 하셨으니 왕께서 죄 있는 사람 같이 되심은 그 내어 쫓긴 자를 집으로 돌아오게 아니하심이니이다 우리는 필경 죽으리니 땅에 쏟아진 물을 다시 모으지 못함 같을 것이오나 하나님은 생명을 빼앗지 아니하시고 방책을 베푸사 내어 쫓긴 자로 하나님께 버린 자가 되지 않게 하시나이다 이제 내가 와서 내 주 왕께 이 말씀을 여쭙는 것은 백성들이 나를 두렵게 하므로 계집종이 스스로 말하기를 내가 왕께 여쭈면

혹시 종의 청하는 것을 시행하실 것이라 왕께서 들으시고 나와 내 아들을 함께 하나님의 산업에서 끊을 자의 손에서 종을 구원하시리라 함이니이다 계집종이 또 스스로 말하기를 내 주 왕의 말씀이 나의 위로가 되기를 원한다 하였사오니 이는 내 주 왕께서 하나님의 사자같이 선과 악을 분간하심이니이다 원컨대 왕의 하나님 여호와께서 왕과 같이 계시옵소서』(:12-17)

여인의 이야기를 듣고 있던 다윗 왕은 가슴이 뭉클했습니다. 여인이 찾아온 것은 필시 요압이 보낸 것임을 알 수 있었습니다. 요압이 꾸민 계략임을 알아차린 겁니다.

"요압이 널 보냈느냐?"

다윗 왕의 물음이었습니다.

"전하, 용서하시옵소서. 전하를 누가 속일 수 있사오리이까? 요압 장군이 전하를 사랑하는 마음으로 이 년을 보내면서 입에 말을 넣어 주었나이다. 요압 장군께서 전하의 아픈 마음을 알고 하신 충정의 일이옵니다."

여인은 목소리는 물론 온 몸을 떨고 있었답니다.

『왕이 가로되 이 모든 일에 요압이 너와 함께 하였느냐 여인이 대답하여 가로되 내 주 왕의 사심을 가리켜 맹세 하옵나니 무릇 내 주 왕의 말씀을 좌로나 우로나 옮길 자가 없으리이다 왕의 종 요압이 내게 명하였고 저가 이 모든 말을 왕의 계집종의 입에 넣어주었사오니 이는 왕의 종 요압이 이 일의 형편을 변하려 하여 이렇게 함이니이다 내 주 왕의 지혜는 하나님의 사자의 지혜와 같아서 땅에 있는 일을 다 아시나이다 하니라』(:19-20)

분노는 올바른 삶이 아닙니다.
풍성한 삶이란 분노의 고리를 깨뜨리는 겁니다.
분노는 문제를 풀 것 같고 가슴을 시원하게 할 것 같지만
전혀 그렇지 않습니다. 아무 것도 못하게 한답니다.
분노하는 순간부터 스트레스가 시작됩니다.
정신이 우울해진답니다.
혹 억울한 일이 있어 분노가 치밀어 오른다면
분노를 일으키는 원인에 대한 생각을 멀리하십시오.
분노를 일으킨 것을 무시해 보십시오.
그리고 다른 것에 생각을 집중해 보십시오.
마음이 밝아진답니다. 마음이 다스려진다는 말이지요.
게다가 우린 하나님의 자녀들이잖아요.
하나님께서 처리해 주실 것을 기도하는 겁니다.
그 방법이 가장 시원한 방법이고 후유증이 없는 길입니다.

8 삼하 14:21-24

태도를 바꾼 다윗

다윗은 화를 내지 않았습니다. 일개 여인이 감히 왕을 속이고 마음을 불쾌하게 했는데도 화를 내기는커녕 오히려 진지하게 생각했답니다. 자기를 돌아본 겁니다. 하찮은 여인의 말이지만 그녀의 말로 인해 아들을 데리고 와야겠다는 생각을 했답니다. 요압을 불렀습니다. 그리고는 그 술에 가서 압살롬을 데리고 오라고 했답니다.

"요압, 지금 즉시 그술에 다녀오시오. 그곳에 압살롬이 있을 거요. 압살롬을 만나 예루살렘으로 데리고 오시오."

"전하, 승은(承恩)이 망극하옵니다. 종의 마음을 아시고 받아 주시오니 그 얼마나 큰 은혜인지요."

요압은 자신의 말을 받아들이고 압살롬을 불러오라 명하는 왕에게 고마움을 표했답니다.

『왕이 요압에게 이르되 내가 이 일을 허락하였으니 가서 소년 압살롬을 데려오라 요압이 땅에 엎드려 절하고 왕을 위하여 복을 빌고 가로되 내 주 왕이여 종의 구함을 허락하시니 종이 왕 앞에서 은혜 받은 줄을 오늘날 아나이다 하고』(:21-22)

다윗은, 살인자 압살롬의 아버지가 되려는 겁니다.
왕관을 벗고 아버지가 되려는 것이지요.
왕이라면 압살롬을 살인자로 대해야 합니다.
죽여야 하는 겁니다.
그러나 다윗은 한 나라의 왕으로서 대하던 것을 버리기로 했습니다.
아버지로서 행동하기로 한 겁니다.

혹 자녀로 인해 분개하고 있지는 않나요?
자녀로 인해 인생이 구겨지고, 망신당하고,
손해를 보고... 해서 말입니다.
그러나 이젠 그만 풀어야 합니다.
그렇게 잘못한 자녀도 힘들어하고 있답니다.
당신이 아니면 그 자녀를 품어줄 사람이 없답니다.
하나님께서 우리를 아버지로서 대하시기로 했답니다.

왕으로서 대하신다면 우린 죽어야 하는 겁니다.
우리를 자녀로 대하시기에
죽어야 하는 죄인임에도 죄를 묻지 않으시는 거랍니다.
자녀 대접받는 우리,
정말 큰 은혜를 받은 거랍니다.

다윗은 요압에게 명령을 하지만 요압이 꾸몄다는 것에 대해서는 아는 체를 하지 않습니다. 어떤 여인에 의해서 마음이 바뀌었다고도 말하지 않습니다.

선한 일이 일어났습니다.
그러나 누구도 자신이 잘나서 상황이 바뀌었다고 말하지 않습니다.
요압은 요압대로 자신이 꾸민 각본이었다고
공로를 표현할 수 있었습니다.
그래서 다윗에게 칭찬을 들을 수 있었습니다.
다윗은 다윗대로 자신이 큰맘 먹고
요압의 의견을 수용했다고
자신의 넓은 마음을 자랑할 수도 있었습니다.
그러나 서로는 침묵했습니다.
일의 결과가 중요합니다.
공로(功勞)는 이 후에 타인에 의해서 평가될 것입니다.

『타인으로 너를 칭찬하게 하고 네 입으로는 말며 외인으로 너를 칭찬하게 하고 네 입술로는 말지니라.』(잠 27:2)

요압이 그술 땅으로 갔습니다. 다윗의 부탁대로 왕자를 만나기 위해서였습니다. 압살롬은 이스라엘에서 사람이 왔다는 소식을 듣고 긴장하긴 했습니다만 담담하게 맞이했답니다. 찾아온 사람은 아버지 다윗의 신복 요압 장군이었습니다. 요압은 압살롬 왕자에게 정중히 인사를 하고 다윗 왕의 말을 전했습니다.

"왕자님, 전하께서 왕자님을 애타게 기다리고 계십니다. 지난 날의 과오를 모두 잊으신 지 오래되었습니다. 이제 두려워하지 마시고 예루살렘으로 돌아가십시오."

압살롬은 아버지 다윗이 자신을 용서했다는 이야기를 듣고 반가웠습니다. 얼굴에 밝은 화색이 돌았답니다. 압살롬은 요압과 함께 예루살렘으로 향했답니다. 3년 만에 돌아가는 고향 땅이었습니다. 아버지 다윗 앞에 가서 정중하게 그리고 진실하게 용서를 구해야겠다는 마음을 품고 예루살렘으로 가는 거였답니다.

『일어나 그술로 가서 압살롬을 데리고 예루살렘으로 오니』(:23)

누구나가 좋아하는 소리가 있습니다.
용서한다는 소리입니다.
용서한다는 소리에 두려움을 떨쳐버리게 되는 것이고
용서한다는 소리에 힘을 얻는 겁니다.

용서한다는 소릴 들으면 다시 시작할 마음이 생긴답니다.

용서한다는 소릴 들을 때 잘못에 대해 진실한 뉘우침이 생긴답니다.

압살롬이 예루살렘에 입성하자 그 소식이 왕실에 보고되었습니다. 그런데 다윗 왕은 그 소식을 듣고도 아들 압살롬을 만나지 않았답니다. 오히려 신하를 시켜 압살롬으로 하여금 자기 집에 가 있으라고 했지요. 그리고는 하는 말이 압살롬을 보고 싶지 않다는 겁니다. 용서의 기대를 가지고 예루살렘에 돌아온 압살롬은 아버지 다윗 왕의 차가운 말로 인해 상처를 받았습니다. 그의 예루살렘에서의 생활은 아버지 다윗의 냉대로 인해 불안으로 시작되고 있었습니다.

『왕이 가로되 저를 그 집으로 물러가게 하고 내 얼굴을 보지 말게 하라 하매 압살롬이 자기 집으로 가고 왕의 얼굴을 보지 못하니라』(:24)

❾ 삼하 14:25-27

잘 생긴 사람

참 잘 생긴 사람이었습니다. 그의 모습은 사람들이 부러워할 만큼 아름다운 용모였답니다. 발바닥부터 정수리까지 흠이 없는 사람이었고 그 아름다움은 매년 자르는 머리털의 무게가 증명해 주고 있었습니다. 200세겔(2.3kg)되는 머리 털이었습니다.

『온 이스라엘 가운데 압살롬 같이 아름다움으로 크게 칭찬 받는 자가 없었으니 저는 발바닥부터 정수리까지 흠이 없음이라 그 머리털이 무거우므로 연말마다 깎았으며 그 머리털을 깎을 때에 달아본즉 왕의 저울로 이백 세겔이었더라』(:25-26)

얼마 후에 사람들은 다윗을 배반하고 압살롬을
왕으로 세우려고 합니다.
그때 우린 왜 사람들이 압살롬에게 마음을 주게 되었는가 하는
궁금함을 갖게 되는데
여기에서 어느 정도 그것에 대한 실마리를 얻을 수 있습니다.
압살롬이 인기가 있었던 것은 외모에서 시작한다고나 할까요?

하나님은 신체적인 매력에 대하여
외모를 보지 말라고 하셨습니다만
사람은 신체적인 매력에 끌리게 되어 있는 법입니다.
사람들은 늙은 다윗에게서는 매력을 찾을 수가 없었습니다.
그의 초라한 외모는
물러나고 은퇴해야 하는 시기라는 것을 말해주고 있었습니다.
반면에 사람들의 눈에 들어 온 사람은
너무도 매력적이고 인상적인 압살롬이었습니다.
이것이 이스라엘 사람들로 하여금
다윗을 배반하고 압살롬을 왕으로 추대하려는
원인이 아니었나 하는 겁니다.

압살롬에게는 아들이 셋 있었습니다. 그리고 딸 하나가 있었답니다. 그 딸은 무척 예뻤는가 봅니다. 아버지를 닮아서 그랬을 수도 있겠죠.

『압살롬이 아들 셋과 딸 하나를 낳았는데 딸의 이름은 다말이라 얼굴이 아름다운 여자더라』(:27)

압살롬의 자녀들이 소개됩니다.

아들이 셋이 있었다고 여기서는 기록을 하고 있습니다만

오래 살지 못한 것 같습니다.

후에 그가 죽었을 때 그를 위해 장례를 치러 줄 아들이

없다고 기록했기 때문입니다.

딸이 하나 있었습니다. 이름이 다말이었습니다.

『얼굴이 아름다운 여자더라』

압살롬은 그의 누이동생에 대한 연모로 인해

그 딸 이름을 누이동생과 같은

이름으로 하지 않았는가 하는 생각이 듭니다.

10 삼하 14:28-33

다윗의 차가운 마음

압살롬이 아버지 다윗의 부름을 받고 외할아버지의 나라 그술을 떠나 예루살렘에 오긴 왔지만 왕실에서는 부름이 없었습니다. 이제나 저제나 부를까 하여 왕실에 귀를 기울였습니다만 아무런 소식이 없었습니다. 그렇게 2년이라는 세월이 흘렀답니다. 압살롬은 아버지에 대하여 섭섭하기도 하고 요압 장군에 대해서도 은근히 화가 났습니다. 한편으로는 요압 장군에게 속았다는 느낌도 들었습니다. 그러나 지난 번 잘못이 있기에 조심스럽게 기다린 겁니다.

압살롬이 요압에게 사람을 보냈습니다. 자신을 예루살렘으로 데리고 온 요압 장군을 만나고 싶다는 전갈을 보낸 것이지요. 그런데 요압은 몇 날을 기다려도 나타나질 않았습니다. 처음에는 바빠서 오지 못하는가 생각했는데 몇 번 사람을 보내도 일언반구가 없자 은근히 울화가 치밀기 시작했습니다.

"더러운 것 같으니라구. 제 놈이 군대 장관이라 이거지. 권세가 좀 있다고 내가 불러도 들은 체도 하지 않는가 본데, 내게 오지 않나 봐라. 얘들아, 너희들 지금 당장 나가서 요압의 밭에다가 불을 질러! 내가 책임을 질 테니 여기저기 불을 질러버려, 알겠지? 아마 요압이 맨발로 뛰어 나올 게다. 그러면 그놈 앞에서 떳떳하게 말해라. 이 압살롬이 불을 놓으라고 했다고 말이야!"

『압살롬이 이태 동안을 예루살렘에 있으되 왕의 얼굴을 보지 못하였으므로 요압을 왕께 보내려 하여 사람을 보내어 부르되 오지 아니하고 또 다시 보내되 오지 아니하는지라 압살롬이 그 종에게 이르되 보라 요압의 밭이 내 밭 근처에 있고 거기 보리가 있으니 가서 불을 놓으라 압살롬의 종들이 그 밭에 불을 놓았더니』(:28-30)

암논이 다말을 범한 후에 압살롬에게 살해되기까지
2년이 흘렀었습니다.
암논을 죽인 압살롬이 아버지를 피해
외할아버지 집에 가 있던 기간이 3년입니다.
그리고 돌아와서 아버지를 만나지 못한 상태로
지낸 기간이 2년이랍니다.

그러면 적어도 7년이 지난 세월입니다.
다윗의 나이가 계산됩니다.
적어도 60세가 넘은 노인이 아닐까 생각됩니다.
60세가 넘은 나이.
살 만큼 산 세월입니다.
이제는 손자 손녀를 무릎에 앉혀 놓고
하나님의 부르심을 행복하게 기다리는
시대의 어른으로서 자리를 잡고 있어야 하는 나이입니다.
그런데 다윗은 그렇지 못했습니다.
아들과의 갈등이 다윗의 노년을 힘들게 하고 있습니다.

아들을 용서하지 못하는 것일까요?
다윗은 고집을 부리고 있습니다.
아버지의 정(情)을 일부러 억제하고
가끔 불거져 나오는 아들에 대한
섭섭함과 괘씸함을 생각하면서 자존심을 세우는 겁니다.
그것 때문에 아들을 계속 미워하고 있는가 봅니다.

다윗에게 기도하는 사람의 모습이 보이지 않습니다.
은혜의 깊은 바다에서 헤엄치는 사람 같지가 않습니다.
분함과 섭섭함,
그리고 권력을 쥐고 있는 무서운 사람으로 보일 뿐입니다.

압살롬의 종들은 주인의 말에 따라 요압의 밭에 불을 질렀습니다. 활활 잘 탔답니다. 온 동네 사람들이 구경을 했지요. 요압도 달려왔답니다. 자신의 밭이 불바다가 되자 요압은 어떤 놈이 불을 놓았는지 색출하기 시작했습니다. 그러나 범인을 찾아내는 것은 어렵지 않았습니다. 압살롬의 종들의 소행이었고 압살롬이 시켜서 한 것이랍니다. 요압은 압살롬에게 가서 따졌습니다.

"왕자님! 어찌 이런 무례한 일을 하신 겁니까? 당신의 종들이 내 밭에 불을 놓았다는 게 사실입니까?"

『요압이 일어나 압살롬의 집으로 와서 압살롬에게 이르되 어찌하여 네 종들이 내 밭에 불을 놓았느냐』(:31)

압살롬 앞에서 따지고 있는 요압에게 압살롬 역시 지지 않고 말했습니다.

"이보게 요압 장군, 내가 당신을 만나고 싶다고 몇 번이나 사람을 보냈는데 들은 척도 하지 않고 나타나지도 않더니 이제야 오셨구먼! 진작에 불을 놓았으면 될 걸 괜시리 지금까지 기다리다가 속만 타고 있었네 그려!"

요압은 아무런 말대꾸도 할 수가 없었습니다.

"이보게 장군, 내 말 좀 들으시오. 나를 그술에서 이곳으로 데리고 왔으면 왕을 만나게 해야 할 게 아니요! 그술이 얼마나 편했는데 이곳으로 데리고 온

거요! 왕이 나를 오라고 했으면 왕을 만나게 해 주든가... 내가 무슨 죽을 죄를 짓기라도 했단 말인가? 이렇게 가택 연금이나 시켜 놓고 말이요! 내가 죄를 지었다면 죽이라고 해! 죽이면 될 거 아니야!"

『요압이 일어나 압살롬의 집으로 와서 압살롬에게 이르되 어찌하여 네 종들이 내 밭에 불을 놓았느냐 압살롬이 요압에게 대답하되 내가 일찍 사람을 네게 보내어 너를 이리로 청한 것은 내가 너를 왕께 보내어 고하게 하기를 어찌하여 내가 그술에서 돌아오게 되었나이까 이때까지 거기 있는 것이 내게 나았으리이다 하려 함이로다 이제는 네가 나로 왕의 얼굴을 보게 하라 내가 만일 죄가 있으면 왕이 나를 죽이시는 것이 가하니라』(:31-32)

압살롬은 자신이 형 암논을 죽인 것이
잘못이라고 생각하고 있지 않습니다.
『내가 만일 죄가 있으면』(:32하)
다윗은 압살롬이 암논 죽인 것에 대해 분(憤)해 하고 있습니다.
압살롬은 암논이 누이 다말을 폭행한 것에 대해서
아버지가 아무런 조치를 취하지 않은 것에 대해
분(憤)해 하고 있습니다.

누가 옳으냐를 따지는 것이 얼마나 우스운지요.
둘 다 지금 이 상황에서는 범죄자들입니다.
그러나 그것을 잊고 자신이 더 의롭다고 여기고 있는 것입니다.

우리도 그러고 있을 때가 있습니다.
삐쳐 있을 때가 있지요.
누구 때문이라고 하면서 말입니다.
몇 걸음만 뒤로 물러나서 생각해 보십시오.
상대방의 잘못도 있겠지만 그 생각을 풀고
상대방이 왜 나를 그토록 힘들게 하는지를
곰곰이 생각해 보자는 겁니다.

압살롬의 당찬 소리에 요압은 섬뜩했습니다. 당당하게 자신의 의견을 주장하는 압살롬의 눈에 살기(殺氣)가 있음을 알 수 있었습니다. 더 큰 일을 낼 수 있는 놈이라는 것을 감지한 겁니다. 요압은 그 길로 왕궁으로 들어갔답니다. 그리고 왕을 설득해서 압살롬을 만나도록 주선했습니다.

"전하, 요압입니다."

"어서 오시오. 무슨 일이오?"

"전하, 압살롬 왕자께서 예루살렘에 온 지가 꽤 되었나이다. 이젠 노여움을 푸시고 압살롬 왕자님을 부르심이 옳은 줄 아옵니다. 소인이 보니 잘못을 충분히 뉘우치고 있는 것 같사옵니다. 그러니 왕자님을 부르시옵소서!"

다윗 왕은 곰곰이 생각하더니 대답했답니다.

"그래, 그를 데리고 오시오."

요압은 곧바로 압살롬에게로 갔습니다. 그리고는 왕께서 부른다며 그를 데리고 궁으로 갔지요. 오랜 만에 자식을 보는 다윗의 마음은 역시 아버지의 마음이었습니다. 큰 아들을 죽인 놈이긴 했지만 그래도 가장 잘 생긴 아들이었는데 수년을 보지 못한 것이 복받침으로 나온 겁니다.

"전하, 신(臣) 압살롬이옵니다."

압살롬은 고개를 들지 못하고 왕의 발 앞에 무릎을 꿇었답니다.

『요압이 왕께 나아가서 그 말을 고하매 왕이 압살롬을 부르니 저가 왕께 나아가 그 앞에서 얼굴을 땅에 대어 절하매』(:33)

압살롬이 다윗을 만났습니다.
왕을 만난 걸까요? 아니면 아버지를 만난 걸까요?
다윗은 아들을 만난 겁니까?
아니면 자비를 베풀어주기 위해 죄인을 만난 건가요?

다윗과 압살롬의 만남은 실질적으로 5년 만의 만남입니다. 3년은 압살롬 자신이 아버지를 피해 있었기에 그렇다손 치더라도 2년은 아닙니다. 아버지가 만나주지 않은 겁니다. 그렇기에 아버지를 향해 미안했던 마음이 아버지를 향한 섭섭함과 증오로 바뀌어 있었답니다.

이제서야 아버지 다윗과 아들 압살롬이 만났습니다. 압살롬이 많이 자랐습니다. 이제는 건장하고 늠름한 아들이었습니다. 그런데 다윗은 세월따라 늙어버린 겁니다. 흰 머리와 흰 수염 그리고 기력 없는 목소리의 아버지였습니다. 패기가 흘러넘치는 압살롬과 기운 없는 다윗의 입맞춤이 있었습니다.

『왕이 압살롬과 입을 맞추니라』(:33하)

시간과 세월이 쉬지 않고 흘러갑니다. 왕 다윗도 세월 따라 늙어갔습니다. 그것은 혹 왕 다윗의 신상에 갑작스런 사고가 생길 수 있다는 것을 의미하는 거였습니다. 정치적으로는 대를 이을 왕세자가 있어야 한다는 것을 의미했습니다. 여럿 있는 아들들 가운데 한 사람을 택해 왕세자를 지명해야 하는 겁니다. 장남 암논이 죽었기에 다음은 몸이 약한 길르압이었습니다. 그러나 그는 정말 너무 약한 겁니다. 길르압이 아니라면 당연히 왕세자 자리는 셋째인 압살롬의 차지였습니다. 그런데 다윗 왕은 세월이 흘러가고 있음에도 불구하고 자신의 대를 이어 이스라엘을 다스릴 왕으로 왕세자 책봉을 하지 않았답니다. 많은 사람이 염려했습니다만, 그리고 왕자들과 그 측근들, 그리고 그들의 어미들이 하나같이 세자 책봉을 기다리고 있었습니다만 다윗에게서는 그 어떤 낌새도 보이지 않는 겁니다. 모두가 속이 탔습니다. 그러나 누구보다도 속이 타는 것은 압살롬이었답니다!

에필로그 _01

가족과 떨어져 있었던 때가 있었습니다.

오랜 기간 떨어져 있었던 것은 아니지만 결혼 초기에 떨어져 있었기에 아주 많이 보고 싶고 힘들었었던 기억이 납니다. 떨어져 있었던 이유는 제가 미국에 유학하기 위해 혼자 온 것 때문이었습니다. 약 4개월 정도 떨어져 있었지요. (겨우 4개월 떨어져 있었던 걸로 힘들다는 표현을 하는 것을 우습다고 하실 분도 있겠지만 신혼 때는 그런 겁니다.) 미국에도 한국 사람이 많았습니다. 교회도 한국 교회를 출석했습니다만 늘 머릿속에는 가족에 대한 그리움으로 가득 차 있었답니다.

어느 날 나이 어린 친구들이 미국 캘리포니아의 산타모니카 해변(Santa Monica Beach)을 데리고 갔습니다. 듣던대로 정말 아름다운 해변이었습니다. 바다 물도 얼마나 깨끗했는지요. 구름 한 점 없는 하늘에는 갈매기들이 춤을 추고 있었고 바다에는 배를 타는 사람, 수영하는 사람, 그리고 아이들과 연인들의 모습이 아름다웠답니다. 해변을 끼고 있는 자전거 전용 도로에서는 자전거 타는 사람은 물론 스케이트를 타는 사람도 많이 보였지요. 영화에서만 볼 수 있었던 해변에서 배구하는 모습도 눈에 들어왔답니다.

점심때가 되어 점심을 먹기 위해 해변에 있는 식당을 들어갔습니다. 식당도 아름다웠습니다. 사람들은 생기가 있었고 음식 냄새는 사람을 흥분시키기에 부족함이 없었습니다. 그런데 저를 놀라게 한 것은 다른 것이 아니라 식탁에 놓여 있는 네프킨(napkin)이었습니다. 정말 예뻤습니다. 아주 컸구요. 그렇게 예쁘고 아름답고 품위 있는 네프킨을 한국에 있을 때는 본적이 없었답니다. 아마 네프킨 값만해도 웬만한 손수건 값 정도 될 거라는 생각을 했을 정도였으니까요. 게다가 얼마나 두꺼웠는지 잘 찢어지지도 않는 겁니다.

종업원에게 한 장을 더 달라고 했습니다. 음식 먹을 때 필요해서가 아니라 한국에 있는 아내에게 보내고 싶어서 그랬답니다. (그 당시는 아내에게 편지를 쓰곤 했는데) 네프킨 위에다가 편지를 써서 아내에게 보내고 싶어서 그런 거였지요. 이렇게 예쁜 네프킨에 편지를 써서 보내면 아내가 분명 특별한 감동을 받을 것이라고 생각했기 때문이거든요!

예쁜 네프킨에다가 편지를 썼습니다. (네프킨 사이즈는 가로 세로 50cm는 족히 되었습니다.) 작지 않은 네프킨이었기에 하루에 쓸 수 있는 글이 아니었습니다. 글자도 아주 작게 썼답니다. 지금 컴퓨터의 폰트로 한다면 10 정도의 크기보다 작게 썼지요. 그러니 얼마나 힘든 작업을 했겠습니까? 글의 내용도 다양했습니다. 모두가 사랑한다는 말을 표현하는 내용이었지만 정말 다양한 사건을 다양하게 표현했답니다. 어느 때는 갈매기 이야기였고 어느 때는 모래를 걷는 이야기, 어느 때는 배를 타는 사람들의 이야기였습니다. 어떤 부분은 자전거 타는 이야기였고 어느 부분은 음식을 먹는 이야기였습니다. 잠자는 이야기, 공부하는 이야기, 영화본 이야기, 운동한 이야기, 교회 간 이야기, 몸이 아픈 이야기, 약을 사먹은 이야기, 프리웨이(고속도로) 이야기, 장난감 집 이야기... 정말 다양한 이야기로 네프킨을 채웠답니다. 하루에 한 가지나 두 가지씩.

큰 네프킨에 작은 글씨, 그리고 다양한 내용들은 아내에게 감동을 주기에 충분했습니다. 그런데 거기서 그치질 않고 나는 또 다른 감동 작품을 만들었답니다. 글이 써있는 네프킨을 펼치면 한 눈에 아내의 이름과 사랑한다는 말이 드러나도록 글자에 색을 넣은 겁니다. 정말 대단한 공을 들었답니다!

네프킨에 쓰여진 편지는 아주 조심스럽게 포장되었답니다. 우체국에 가서도 결코 잃어버릴 수 없고 분실될 수 없는 우편을 사서 한국에 있는 아내에게 전달 되게 했답니다. 정말 분실되면 안 되는 거였거든요! 편지를 보내고서도 제대로 갔을까 하면서 얼마나 마음이 조렸는지 모릅니다. 아내가 그 편지를 받으면 얼마나 좋아하고 행복해 할까 하는 생각으로 가득 찼습니다. 우선은 평생 처음 보는 아름답고 예쁜 네프킨에 놀랄 것이 분명했습니다. 그 위에 깨알 같은 글씨를 보면서도 분명 놀랄 겁니다. 아니 네프킨을 펼치자마자 한 눈에 들어오는 색깔 글씨에 감동할 것이 분명했답니다. 나는 아내가 감동하는 모습을 보면서 행복해 하고 있었답니다.

아내는 네프킨에 쓴 특별한 편지를 펼칠 때부터 엄청 감동했습니다. 우체부에게서 편지를 받는 것도 사랑을 받은 겁니다. 편지 봉투에도 사랑이 묻어 있음을 느꼈지요. 편지 봉투를 조심스럽게 뜯어 글이 네프킨에 쓰여진 거라는 것에 남다른 사랑을 느꼈답니다. 네프킨을 만질 때는 나의 사랑을 만지는 거였습니다. 그걸 펼치는 순간 또 다른 감동을 했을 겁니다. 그 안에 색깔로 크게 적혀진 사랑한다는 말에도 감동을 했을 것이지요. 내용을 읽기도 전에 이미 사랑을 느끼고 사랑에 감동을 하고 있었답니다. 그런데 잊을 수 없고 잊혀지지도 않는 것은 작을 글씨들이었답니다. 아내는 그 큰 네프킨에 적힌 깨알 같은 글씨들을 하나도 빼놓지 않고 읽은 겁니다. 한번만 읽지 않았습니다. 대충 읽지도 않았습니다. 생각하고 또 생각하며 읽었답니다.

네프킨에 쓰여진 글은 문법적으로 맞지 않는 글이었습니다. 맞춤법도 많이 틀렸고 띄어쓰기도 엉망이었습니다. 앞의 내용과 뒤의 내용이 연결이 안 되는 것이 한두 군데가 아니었습니다. 논리도 없었습니다. 게다가 내용도 왜 그리 길었는지 모릅니다.

제 아내는 대학을 다닐 때 문학을 전공한 문학도였습니다. 글에 대해서는 까다로운 사람입니다. 그런데 그런 제 아내에게 제가 보낸 엉망의 문체는 하나도 중요하지도 않았고 흠이 되지 않았답니다. 마냥 좋은 겁니다. 그리고 맞지 않는 문법과 맞춤법, 엉망인 띄어쓰기, 연결 안 되는 논리성과 앞뒤 문맥이었습니다만 남의 글에는 그리도 까다로운 아내였지만 제가 보낸 졸작의 글에는 이런 것이 눈에 들어오질 않았습니다. 전혀, 아무런 문제가 되질 않는 겁니다. 아니 그런 것이 발견되면 의미가 있을 거라고 하면서 더 깊게 생각하더라는 겁니다. 사랑 때문이었습니다. 자기에게 글을 보낸 사람의 마음을 알고 있기 때문이었습니다.

성경, 하나님께서 당신의 형상대로 만들어 눈에 넣어도 아프지 않은 사랑의 대상인 사람에게 보낸 편지랍니다. 아주 긴 내용입니다. 작은 글씨입니다. 복잡하답니다. 어느 경우는 논리를 찾기가 힘듭니다. 앞뒤가 연결되지 않는 부분이 발견됩니다. 그런데 그 분이 보낸 성경의 내용은 하나랍니다. 사랑입니다. 한 가지 주제입니다. '내가 너를 사랑한다!' 는 거지요!

제가 아내에게 네프킨이라는 멋진 종이(?)에, 작은 글씨로, 색깔을 넣으면서, 가장 안전한 우편을 통해 편지를 보냈는데 제 아내가 전부 읽어보았을까 하는 의심을 하지 않았습니다. 분명히 읽을 것이라고 믿었답니다. 아내는 나를 사랑하니까요.

하나님께서 천 년 하고도 수백 년 동안 수십 명의 사람들을 감동시키셔서 나를 향한 사랑의 글을 쓰시고 지금 나의 손에 전해지게 하신 편지, 그것을 내가 읽지 않을 것이라고 생각하지 않으시겠구나 하는 생각을 한 겁니다. 반드시 읽고 또 읽고 의미를 생각하고 감동하고 있을 거라고 생각하실 것이고 그걸 의심하지 않으실 거라는 생각이 든 겁니다. 내가 늘 말하는 것처럼 나는 하나님을 사랑한다고 말하는 사람이니까요!

내 아내가 나의 편지를 그리도 좋아하면서 읽고 또 읽는데 난 하나님의 편지인 성경을 왜 그리 읽지 않았는지 생각이 들었습니다. 나는 하나님을 사랑하고 하나님께서 나를 사랑하심을 믿는다고 하면서도 하나님이 보내신 사랑의 편지, 성경을 너무 소홀히 대하더라는 거였지요. 제 아내는 제가 보낸 네프킨 편지를 귀하게 여기고 시간 날 때 마다 펼쳐보고 그 안에 적힌 이야기를 평생을 하고 있는데, 아이들 앞에서도 자랑하고 있는데 나는 내가 사랑하는 하나님께서 보낸 글인 성경을 자랑하지도 않고 읽지도 않고 내용도 모르고 있더라는 겁니다.

하나님 앞에 설 날이 가까워 오고 있는데... 얼마 후에 그 분 앞에 섰을 때 하나님께서 "내가 보낸 사랑의 편지를 잘 읽어 보았니?"라고 묻는다면 뭐라고 대답할 것인지 망막한 겁니다. 열심히 일했다 하더라도, 크고 위대한 일을 했다 하더라도 그런 것으로 하나님의 마음에 기쁨 드리지 못할 것 같았습니다. 하나님 앞에서 "당신께서 보내신 편지, 너무 감동이었습니다."라고 할 때 편지 보내신 하나님의 마음 흐뭇하시지 않으실까 하는 생각이 드네요.

제 아내를 몇 달 만에 만났을 때 제가 보낸 편지가 고마웠다고 말하더라구요. 그리고는 이내 이런 내용, 저런 내용을 소상히 말할 땐 얼마나 행복하고 기뻤는지 모릅니다. 저를 기쁘게 하기 위해 돈 벌어 놓았다는 말도 중요하지 않습니다. 저를 위해 요리를 배웠다는 것도 고맙긴 하지만 우선이 아닙니다. 저를 위해... 저를 위해... 어떤 것도 중요하지 않습니다. 저를 기쁘게 하는 건, 제가 기대하는 건 제 마음을 알고 제가 그리도 정성들여 쓴 편지를 읽었느냐 듣고 싶은 거였답니다. 하나님께서도 그러시겠구나 하는 생각 들었답니다. 아니 분명 하나님도 그러실 겁니다.

성경을 읽었습니다. 빨간 줄 그으면서 읽었습니다. 파란 색연필로 네모를 치면서 읽었습니다. 노란 색으로, 초록색으로, 분홍색으로 이런 표시 저런 표시하면서 읽고 또 읽었습니다. 나만이 아는 색깔 표시랍니다. 아니 하나님과 나 둘만이 아는 표시입니다. 이해가 안 되는 부분도 무척 많았습니다. 그래도 그 속에 숨겨진 속사랑이 분명 있을 거라는 생각으로 읽었습니다. 앞뒤가 연결 되지 않는 어색한 부분도 있었습니다만 그 연결은 다른 곳에 분명 숨어 있을 거라는 확신으로 읽었답니다. 어느 경우는 속상한 글도 있었고 어느 경우는 감동스런 글도 있었습니다.

사랑에 감동해서 빨간 표시 한 겁니다. 지은 죄 용서 받은 은혜에 파랑색 표시했습니다. 지은 죄 생각하며 하나님 마음 아프게 한 걸 생각하며 노란색 표시 했습니다. 하나님 섬기는 일 발견하고 고동색 표시했답니다. 하나님 하시는 일 발견하고는 초록색 표시 했답니다. 천국 생각하고는 보라색 표시했구요.

여기저기 하나님 사랑 쓰여 있기에 자꾸만 읽고 또 읽는 거랍니다. 전에는 몰랐는데 하나님의 사랑이 묻어 있는 걸 알겠더라는 거지요. 아니 전에는 희미하게 알던 사랑이 이젠 확실해 지는 겁니다. 읽을수록 재미있네요. 지루하지도 않는 겁니다. 이해 못해 짜증난 것도 없습니다. 너무 길다고 속상한 적도 없습니다. 읽으면 좋은 겁니다. 읽으면 힘이 나는 겁니다. 읽다가 눈물이 나서 성경책에 떨어지면 성경책 상할까봐 얼른 닦고 또 읽었답니다. 하나님이 보낸 편지잖아요!

누군가가 사람은 사랑으로 산다고 했던가요? 사랑은 생명력이 있다는 말이겠죠. 그래서 사랑은 지친 사람을 일으켜 세워 주는 힘이 있고 사랑은 살 용기를 불어 넣어 주는 것이고 사랑은 살 이유를 주는 것이겠죠. 그 생명력 있는 사랑이 성경에 있는 겁니다. 전에는 사람에게 사랑 찾아 힘을 얻어 보려고 했었답니다. 그것도 중요하지만 오래 지속되지는 못했는데 성경을 읽으니 그 안에 하나님의 사랑이 기름처럼 흐르고 있는 겁니다. 오늘도 그 사랑으로 인생을 지탱하면서 살아간답니다.

그리도 오래 교회 다녔는데 성경을 잘 모르는 게 부끄러운 겁니다. 껍데기는 아주 괜찮은(?) 교인인데 속에는 성경이 없으니 속빈 강정이랍니다. 성경을 모르니 교회 다니는 재미(?)를 알 턱이 없는 겁니다. 그냥 종교생활 한 거였죠. 이제 발견한 겁니다. 은혜지요. 그래서 이젠 허울 좋은 교인이 아니라 겉모습은 초라해도 속에는 성경으로 가득 채우다가 주님 앞에 가서 보여 드리고 싶네요. 오늘도 그 마음으로 내게 보내 주신 사랑의 편지를 펼칩니다. 가슴이 뛰네요!

에필로그 _02

교회가 좋았습니다. 어려서부터 교회에서 자랐고 교회에서의 생활에 익숙했습니다. 게다가 할아버지도 부모님도 내가 목사가 되기를 원하신다는 말씀을 많이 하셨고, 나 역시 거부하지 않았습니다. 그렇게 목사가 된 사람입니다.

신학대학 생활... 만족스럽진 않았습니다만 그래도 목사가 되려면 거쳐야 하는 과정이기에 꾹 참고 견뎌냈습니다. 대학원도 다녀야 한다기에 그렇게도 했습니다. 한번은 목사가 하기 싫은 적도 있었습니다. 아니 어려서부터 목사가 안 된다면... 하면서 나름대로 하고 싶은 일을 생각해보기도 했었죠. 꼭 두 가지를 하고 싶었는데 그 중 하나는 정치였습니다. 정치가 뭔지 알아서 그랬던 것 같지는 않습니다. 어린 시절 선생님으로부터 들었던 훌륭한 인물들 중에는 항상 정치가들이 많았기 때문이었겠죠. 하여간 정치를 하고 싶다는 마음은 오래갔고 또 정치가로서 활동하는 제 모습을 그려보기도 했답니다. 하고 싶었던 또다른 일은 자동차를 정비하는 일이랍니다. 이상하지요? 정치와 자동차 정비는 어울리지 않는데 말입니다. 하여간 자동차 밑에 들어가 온몸에 기름때를 묻히며 일하는 모습이 멋있어 보였고 정밀하게 일하는 아저씨가 멋있어 보였답니다. 그런 나의 모습을 그려보기도 했답니다. 그런데 정치가 근처에 가보지도 못했고 자동차 정비사 옆에도 가보지 못했답니다. 그런 것과는 전혀 상관없는 목사가 되었답니다.

신학대학을 졸업했지만 전도사로 사역하지 못했습니다. 제법 오래되고 큰 교회에 출석하였는데 워낙 재주가 없으니 담임 목사님으로부터 전도사로 추천 받지 못했던 것 같습니다. 친구들은 학교 다닐 때부터 전도사로 열심히 일하면서 교회에서 사례금도 받았지만, 제게는 졸업한 후에도 그런 기회가 주어지지 않았답니다. 전도사로 사역하지 못하는 게 억울하진 않았습니다. 단지 걱정거리였을 뿐입니다. 여기엔 이유가 있었습니다.

저는 군목 후보생이었는데 군목으로 가려면 3년 간의 전도사 경력이 필요했습니다. 그런데 그 경력을 쌓을 교회가 없어서 속이 많이 상했답니다. 결국은 어떤 작은 개척 교회에 평신도라고 하면서 목사님을 속이고(?) 다녔습니다. '몇 년 다니고 난 후에 나의 불쌍한(?) 처지를 말씀드리면 목사님도 이해해 주시지 않을까?' 하는 기대로 그런 짓을 했습니다. 그러나 결국 그 교회에서 오래 있질 못했습니다. 2년 있었나 봅니다. 그러고는 교인이 대여섯 가정 정도밖에 안 되는 더 작은 교회로 갔습니다. 그 교회에서는 목사님께 솔직히 말씀드렸습니다. 그랬더니 흔쾌히 도와주시겠다고 하더라구요. 무척 고마웠답니다. 군목으로 갈 수 있는 길이 열렸기 때문입니다. 그렇게 비참한(?) 시간들을 보냈답니다. 신학교 졸업 후 3년을.

군목으로 가는 일은 조금 찜찜했습니다. 첫째는 자신감이 없었고, 둘째는 아직도 사명감이 없었기 때문이었습니다. 친구들은 사명, 사명하면서 의지가 대단한데 난 그렇지가 않았습니다. 솔직히 군목으로 가면 사병으로 가는 것보다 훨씬 편하기 때문에 좋아하고 있었을 뿐입니다. 그러나 편한 건 편한 건데 뭘 해야 하는지 자신이 없었습니다. 그래서 일 년 먼저 군목으로 간 친구를 찾아갔답니다. 그리고는 물었습니다. 어떻게 주일 설교, 수요예배 설교, 심방 설교, 새벽 기도 설교를 다 하느냐고? 그 친구 대답은 걸작이었습니다. 성령님이 능력을 주시면 다 하게 된다고… 난 목사 안수 받으면 정말 그렇게 되는 줄 믿었답니다. 바보같이…

훈련을 받고 군목으로 갔습니다. 중부 전선이었습니다. 중위 계급장 달고 목사랍시고 일을 시작한 겁니다. 괜찮더라구요. 일단은 매달 월급 받는 게 아주 좋았습니다. 그때까지 내 힘으로 돈을 벌어 본 적이 없었습니다. 게다가 군대 교회인데도 군대 월급 말고도 목회 사례비라고 해서 돈을 주었습니다. 참 좋았습니다. 어떤 교회는 군 선교비라고 해서 돈을 보내기도 했습니다. 사실 군대 월급만으로도 괜찮았는데 이래저래 목사랍시고 돈을 주니 고맙기도 하고 미안하기도 하고… 물론 좋은 일에도 많이 썼지요.

교회도 아담해서 좋았구요, 내 개인 사무실이 있다는 것도 좋았답니다. 어느 큰 교회 목사님이 부럽지 않았습니다. 나보다 계급이 높은 사람들도 저를 성직자라 해서 잘 대해 주는 것 또한 특권이었답니다. 그런 것 때문에 '평생을 군목으로 지낼까?' 하는 생각도 여러 번 해보았답니다. 사명 때문이 아니라 편리함 때문에…

설교는 정말 부담스러웠습니다. 설교만 없으면 군목이라는 것 괜찮은 건데… 친구가 목사 안수 받고 군목으로 오면 성령님께서 능력을 주셔서 설교도 뭐도 다 잘하게 된다고 했는데 (정말 그렇게 믿었었답니다) 난 그게 아니었습니다. 두 번째 설교까지는 잘한 것 같았습니다. 그런데 세 번째부터는 할 말이 없었답니다. 그렇게 두꺼운 성경책인데도 제겐 본문 찾는 것도 어렵고 본문을 찾아도 내용을 만들기도 무척이나 어려웠습니다. 제목을 정하는 것조차도 노동이었습니다. 일주일 내내 '어떤 본문을? 어떤 내용을? 어떤 제목을?...' 이런 것들이 큰 고민거리였고 이는 점점 공포의 작업으로 느껴졌습니다. 친구가 말한 성령님이 도와주신다는 건 적어도 나에겐 새빨간 거짓말이었답니다.

그래도 어김없이 찾아오는 게 주일이었습니다. 미칠 것 같았답니다. 그래서 훌륭한 그리고 유명한 목사님들이 펴낸 설교집을 뒤지기 시작했습니다. 신학교 다닐 때 종종 친구들과 나누던 말이 있었습니다. '설교 표절' 이라는 말... 그리고 남의 설교를 표절하는 목사들은 나쁜 놈들이라고 했었답니다. 그런데 이젠 표절, 아니 그대로 베끼지 않으면 죽을 것 같았답니다. 그래서 설교를 베끼기 시작했습니다. 양심은 괴로웠지만 성도들에겐 오히려 잘 된 일이라 생각했답니다. 성도들도 제 (베낀 남의) 설교에 은혜를 받기도 했답니다. 나 역시 내가 작성한 설교인 것처럼 폼을 잡고 설교했구요.

그런데 매 주일 남의 설교를 베끼는 것도 보통 문제가 아니었습니다. 보통 30분가량의 설교 원고를 베끼려니깐 적어도 2~3시간은 족히 걸리는 것은 물론이고 얼마나 힘들고 귀찮았는지... 그래서 아주 쉬운 방법을 찾아냈습니다. 설교집의 한 편을 복사하는 방법이었습니다. 시간도 절약되고 에너지도 절약되서 그렇게 했답니다. 그래서 내 설교(?)는 내용이 그런대로 괜찮다는 소릴 들었답니다.

그런데 한번은 큰 실수를 했습니다. 복사를 잘했어야 하는데 종이를 아낀답시고 앞뒤로 복사하다가 그만 한 페이지를 빼먹고 복사를 한 거지요. 그나마 복사한 걸 한번만이라도 읽고 강단에 올라갔으면 되는데 읽지도 않고 올라간 게 탈이었습니다. 그러니 잘 읽어내려가다가 빠진 부분에 가서는 매우 당황했답니다. 소위 말하는 개망신이라고나 할까요. 설교, 무척이나 어렵더라구요. 이렇게 평생 동안 설교할 생각하니 끔찍했습니다.

그러던 가운데 전방 부대 2년의 근무를 마치고 군 병원으로 옮기게 되었습니다. 병원에서는 별로 할 일이 없었습니다. 일단 병원이 아주 작은 았고 환자들도 많지 않았습니다. 군의관들, 간호사들 또한 그리 바쁘지 않은 병원이었죠. 정말 심심한 근무지였답니다. 그곳의 믿음 좋은 군의관들과 간호사들은 목사가 왔으니 일주일에 한번씩 성경을 공부하자고 했습니다. 자신들도 무료한 시간들을 말씀 배우는 시간으로 채우고 싶다는 겁니다. 나 자신도 뭔가를 해야겠기에 그렇게 하겠다고 대답했습니다.

문제는 무슨 공부를 하느냐는 거였습니다. 사실 나는 목사가 되면 써먹기 위해 이렇다할 성경 공부 과정은 대부분 이수해 놓았었답니다. 소위 말하는 벧엘 공부, 크로스 웨이 공부, CCC 공부, 젠센 공부... 그런데 막상 사람들을 가르치려니 두려웠지요. 준비는 했지만 경험이 없었기 때문이었습니다. 과정을 이수하긴 했는데 내 속에 생명력이 있는 게 아니었거든요. 그야말로 목사라는 직업에 충실하려면 이 정도는 해 놔야겠다는 필요에 의해서 열심히 했을 뿐이었습니다. 하여간 그리 많은 교재가 있는데도 자신이 없었고 문제는 군의관들과 간호사들이 교재가 아닌 성경책으로만 공부를 하자는 거였습니다. 그것도 구약을 말입니다. 구약 중에서도 역사서를.

군병원에서의 성경 공부는 사무엘부터 시작되었습니다. 한나가 기도해서 사무엘을 낳은 이야기부터 시작했습니다. 저는 어려서부터 교회 속에서 자랐기 때문에 성경을 많이 알고 있다고 생각했었습니다. 대부분 교회학교 선생님들에게 들은 이야기였고 집에서 들은 이야기였던 거지요. 그런데 막상 사무엘상을 읽어 가는데 왜 그렇게도 모르는 부분들이 많던지... 대부분을 모르겠더라구요. 아주 적은 부분만을 알면서, 그것도 대충... 성경을 잘 안다는 착각 속에 있었던 나였음을 발견했습니다. 하여간 문제에 부딪친 겁니다. 그 머리 좋은 의사들과 간호사들에게 성경을 가르쳐야 하는데 내 자신이 아는 게 없는 겁니다. 너무 두려웠습니다. 가르치다가 개망신 당할까 봐.

설교도 어려웠지만 (계속 베껴야 했으니까요) 성경을 가르치는 건 더 두려웠답니다. 그래서 내 마음은 엄청난 죄책감과 목회에 대한 공포, 해야 하나 말아야 하나 하는 갈등들이... 쏟아져 내리기 시작한 겁니다. 그러다가 기도를 시작했습니다. 하나님께 물어보고 도움을 구하기로 작정한 겁니다. 남들은 주님의 음성을 듣고 목사가 되었다고 하는데 나에겐 그런 것도 없고 어떤 이는 특별한 사명이 있다고 하면서 용감히 사역을 하는데 나는 사명이란 게 뭔지도 모르고 있고 (물론 남에게 말할 때는 복음을 위한 불타는 사명이 있다고 했습니다만...) 그저 목사가 된 게 어려서부터 되고 싶어서 된 것이고 학교 다닐 때 갈등은 있었지만 군목이라는 편리함 때문에 갈등의 양심을 버리고 목사가 되었을 뿐이었습니다. 그런데 이젠 그게 아닌 겁니다.

성경을 모르고 목회를 한다면 그야말로 사기꾼이라는 생각이 든 겁니다. 평생 남의 설교나 베끼고 남이 만들어 놓은 책으로 성경 공부를 가르치면서 그걸 내 것인 양 큰 소리를 칠 생각을 하니 자신이 얼마나 한심스러웠던지요. 정말 한심한 존재였답니다.

"하나님… 성경이 송이 꿀보다 달다고 하셨죠? 나에겐 송이 꿀이 아니라 정말 재미없는 책입니다. 억지로 읽을 뿐입니다. 무슨 말인지 정말 모르겠습니다. 어떤 사람은 성경을 보면 하나님의 음성을 듣는다고 하는데 난 성경을 보면 졸음만 옵니다. 성경이 당신의 말씀이라고 하셨잖습니까? 나에게도 성경이 재미있음을 알려 주십시오. 그래야 설교를 하든 성경 공부를 하든 목회를 하든 할 게 아닙니까? 제가 2년 간 열심히 읽을 테니 알아서 하십시오." 그런 기도였답니다. 성경을 열심히 읽어도 여전히 무슨 말인지 모르겠고 재미가 없다면 군목을 제대한 후에 목회를 관둘 생각이었습니다.

특별하게 할 일 없는 군 병원의 목회 생활이었기에 성경 보는 일에 목숨을 걸기로 마음먹었습니다. 아침 출근 시간은 8시, 퇴근 시간은 5시, 적어도 하루 6~8시간씩 성경을 파기 시작했습니다. 많은 분량을 읽지 않았습니다. 이해가 되지 않는 부분은 그냥 넘기지 않고 판 겁니다. 이해되지 않으면 주석을 많이 참고했습니다.

정말 많은 도움이 되더군요. 신학교 다닐 땐 숙제하기 위해서만 보던 책들인데… 정말 열심히 성경을 읽었습니다. 지금까지 알고 있던 이야기들이라 하더라도 정말 그런가 하면서 진지하게 확인하면서 읽었답니다. 성경이 졸지에 여러 가지 색깔로 줄도 그어지고 네모도 만들어 지고 혹은 읽다가 깨달은 것을 잊지 않기 위해 옆에다 적어 놓다 보니 지저분해지고 있는 거였습니다. 그렇게 몇 달이 지나는 동안 성경이 재미있어지는 겁니다. 은혜가 되기 이전에 재미있었습니다. 성경을 정말 재미있게 읽고 재미있게 연구하기 시작한 겁니다.

그렇게 2년을 지내는 동안 성경은 어느새 나의 손에서 뗄 수 없는 책이 되고 말았답니다. 아니 내 몸의 한 부분이 되어 있었답니다. 그리고 그 말씀은 제게 생명이 되었던 겁니다. 성경이 하나님의 말씀임이 몸속에서 느껴지고 있었답니다. 언제부터인지는 모르겠습니다만 성경을 읽으면 "그렇습니다!"하는 소리를 연거펴 내뿜었답니다. 성경을 읽다가 손바닥과 무릎을 치기도 하구요, 너무 기가 막힌 것(내가 모르던 것이겠죠...)을 발견하면 숨이 막혀 더 이상 읽을 수가 없어서 서성거리는 경우가 한두 번이 아니었답니다. 많이 울었습니다. 너무 좋아서 말입니다. 하나님의 은혜가 주렁주렁 발견될 때마다 감동 그 자체였습니다. 시편 기자가 그랬나요? 주의 말씀은 송이 꿀 보다 달다구요? 정말이었습니다.

읽고 깨달은 말씀을 그대로 전해보았습니다. 설교 때든 성경 공부할 때든... 다른 교재가 필요 없었답니다. 성경만을 읽는데도 나는 물론이고 모두들 좋아하는 겁니다. 그래서 신났지요. 성경을 읽어 가면서 그 주인공은 바로 "나"였답니다. 내가 하나님의 지음 받은 사람이고, 내가 타락한 사람이고, 내가 죄로 범벅된 사람이고, 내가 고멜이고, 내가 요나이고... 또한 내가 아브라함이고, 내가 모세이고, 내가 노아이고, 내가 다윗이더라는 거였죠. 내가 밧세바이고, 내가 아모스이고... 내가 느부갓네살이고, 내가 다니엘이고... 내가 베드로이고... 내가 주인공이었습니다. 내가 잘못된 주인공일 때 지켜보고 계시고 기다리시고 찾아와 주시는 주님을 만날 수 있었구요, 내가 잘하는 주인공일 때는 매우 기뻐하시고 좋아하시는 주님을 알 수 있었답니다. 주님의 진하게 흐르는 사랑과 은혜… 그게 성경이었답니다.

세상의 무수한 책들… 기독교 서적이라는 거 말입니다. 전에는 그걸 많이 읽으면 괜찮은 사람처럼 보였었습니다. 기독교 서적을 많이 인용하면 공부를 많이 한 목사처럼 보였었답니다. 서점에 최근 발표된 책이 어떤 것인지를 누구보다도 빨리 알아서 말하는 것이 앞서가는 사람인줄 알았답니다. 그래서 그걸 흉내내기 위해 얼마나 많은 거짓 행위를 했었는지요… 하지만 이젠 해방되었답니다. 많은 책을 읽는 것도 중요하지만 성경 속에서 풍요함을 누리지 못하면 그야말로 모래 위에 집을 짓는 장난에 불과하다는 것을… 성경 속에서의 행복을 모르고 수많은 책을 뒤지는 일만큼 자신을 피곤하게 하는 일이 없을 거라는 것을…

다른 책… 좀 몰라도 되더라구요. 그러나 성경 속에서 춤추지 않으면 말씀을 전하고 나서도 허탈하더라구요. 그런데 성경을 이야기하면 서투른 설교라도 하나님께 감사가 되더라는 겁니다. 기가 막히게 좋은 문구들을 찾는 일도 하지 않기로 했습니다. 알지도 못하는 사람의 이름을 들먹거리면서 마치 많이 공부한 사람처럼 보이는 위선은 떨지 않기로 했습니다. 깊은 생각을 남보다 많이 하는 것처럼 보이는 어려운 표현도 사용하지 않기로 했습니다. 그냥 성경 말씀을 이야기하기로 했습니다.

성경 속의 이야기만 하더라도, 아니 성경만을 이야기할 때 성령의 역사가 가장 확실하게 나타남을 알았기 때문입니다. 성경은 성령께서 쓰신 글이기 때문입니다. 하나님에게는 천년이 하루 같다고 하셨나요? 그래서 표현하고 싶은 말이 있습니다. 성경은 아직 잉크도 마르지 않은 하나님이 보낸 연애편지라고.

군대를 제대하자마자 미국으로 건너왔습니다. 아무런 이유도 없이 미국에 오게 된 겁니다. 몇 달만 미국을 구경하려는 생각이었습니다. 그런데 어쩌다가 십수 년이 지나고 말았습니다. 십수 년... 학교에서 공부하면서도 성경에 대한 재미 때문에 성경만 보게 되더라구요. 사역을 하면서도 성경만 보게 되더라는 겁니다. 그리고 읽은 성경... 늘 그랬던 것처럼 신앙의 형제들과 나누었답니다. 그런데 성경만을 이해하기 위해 주의 깊게 보는데 많은 은혜를 경험하는 게 아니겠어요!

벌써 성경을 통해 주님의 마음을 헤아린 지도 오래되었네요. 지금도 계속하고 있답니다. 물론 주님 부르실 때까지 이 은혜를 계속 유지하려고 합니다. 새벽 기도가 끝나면 잉크도 마르지 않은... 주님의 숨소리가 느껴지는 성경을 펴고 세 시간, 어느 경우는 네 시간, 옮겨 보고 또 옮겨 보다가 이렇게 책이 되었답니다.

그 제목... 이야기 성경? 성경 이야기? 아무래도 매끄럽지 않기에 남침례교신학교(The Southern Baptist Theological Seminary)에서 논문을 쓴 제목이 좋아 보여 그대로 하기로 했답니다. 비블리컬 스토리텔링(The Biblical Storytelling)이라고...

에필로그 _03

목사가 되면 책을 많이 읽고 책을 좋아해야만 하는 줄 알았습니다. 어려서부터 목사는 책을 가까이에 두어야 한다는 선입관을 가지고 있었기 때문에 나도 목사가 되면 그렇게 될 거라고 믿고 있었답니다. 목사님의 집이나 사무실에 가면 여러 권의 책과 책이 한가득 꽂힌 책장을 배경으로 한 목사님의 사진도 볼 수 있었습니다. 그래서 목사님들은 책을 많이 읽는 분들이라는 생각을 자연스럽게 했답니다. 앞으로 나도 목사가 되면 많은 시간을 책과 함께 할 거라고 생각했습니다. 목사님의 집에 진열된 책들은 아주 멋있어 보였습니다. 단행본도 많았지만 특별히 눈에 띄었던 것은 만만치 않은 두께로 같은 디자인에 제목이 다른 여러 질의 전집들이었습니다. 목회를 할 때 꼭 필요한 전집들이라고 생각했답니다. 그래서 나도 목사가 되면 목회에 절대적으로 필요한 전집을 책장 가득히 채우겠다고 생각했습니다.

괜찮은 목사가 되기 위해서 신학교 때부터 기독교 서점에 드나드는 것을 아주 중요한 일 중 하나로 여겼답니다. 나름대로 열심히 책을 사서 날랐습니다. 돈이 있어서 샀던 것도 꼭 읽으려고 샀던 것도 아닙니다. 훗날 내 사무실과 서재에 꽂아둘 책을 준비하는 거였습니다. 책을 사면서 미래를 그려 보기도 했답니다. 사무실의 사방은 책으로 꽉 채워진 책장이 둘러져 있고 한 켠에 놓여진 나무 책상과 사장님이 앉는 편안한 의자에 앉아 있는 제 모습을 상상하면서 말입니다. (책이 없는 사무실과 목사는 상상해 본 적이 없는 것같습니다.) 어느 경우에는 읽지도 못하는 영어로 된 책도 샀습니다. 소위 원서라고 하는 것들입니다. 영어나 독일어로 된 책을 읽은 수준 높은 목사로 보이고 싶어서였습니다. 열심히 사서 모은 책들이 작은 제 방의 책장에 한 권 한 권 채워져 가는 걸 보면 뿌듯하고 자랑스럽기까지 했습니다. 그렇게 해보지 않은 사람은 그 맛을 모를 겁니다. 책이 늘어나는 만큼 내 지적 수준도 높아진다고 생각하여 그것을 증명이나 하려는 듯 책을 열심히 구입했던 겁니다. 책의 노예가 되어 부지런히 살았던 것 같습니다.

신학대학 다닐 때는 대부분의 친구들이 그랬던 것처럼 돈이 정말 없었던 때입니다. 그런데도 책을 사고자 하는 욕심은 왜 그리 많았는지 모릅니다. 교수님들이 가끔 강의하시다가 밥을 굶어가며 책을 사서 보았다는 얘기를 들으면 왠지 멋있어 보였습니다. 그래서 교수님을 흉내 내며 책을 사기 위해 끼니를 거른 적이 한두 번이 아니었답니다. 그 경험 덕분에 얼마 전까지만 해도 사람들과 이야기할 때 나도 젊었을 때는 책을 사기 위해 굶은 적이 있다고 말하면서 묘한 자부심을 느끼곤 했답니다.

제 사무실은 작습니다. 방이 작기에 몇 권 안 되는 책이지만 제 방은 책으로 꽉 채워져 있답니다. 다른 목사님들보다 상대적으로 적다는 걸 알지만 그래도 제 수준에는 처분하기 곤란할 정도로 많은 책이 꽂혀 있습니다. 그런데 지금은 책이 많아서 행복하기보다는 꽂혀진 책들이 날 비웃고 있다는 생각이 들 때가 있답니다. 여러 권이 꽂혀 있지만 읽은 것은 별로 없거든요. 다 폼으로 꽂혀 있는 것입니다. 그렇다고 완전히 폼만은 아닙니다. 읽긴 읽었습니다마는 어떤 건 서문, 어떤 건 제목, 어떤 건 대충대충 한 10분 안에 읽은 책도 있고, 전혀 읽지 않은 책들도 수두룩하답니다. 정말 신중하게 읽은 책은 거의 없답니다. 전집은 정말이지 폼, 그 자체뿐이었습니다. 그래서 책장에 꽂혀 있는 책들이 부담스럽기까지 했습니다.

가끔 제 방을 방문한 학생들, 청년들 혹은 성도들은 전에 내가 느꼈던 것처럼 '목사님이니까 당연히 책이 많구나' 라고 생각하는 눈치입니다. 그러면서 할 말이 없을 때 혹은 기분이 좋으라고 '목사님은 책이 많으십니다' 라고 말한답니다. 저는 책을 많이 읽은 목사로 인정한다는 말을 듣는 것 같답니다(착각이겠지만). 그런 말을 들을 때면 전에는 우쭐했는데 언제부터인가 부담스러웠습니다. 사실 읽은 책이 아니라 폼으로 꽂혀 있는 책이 대부분이기 때문입니다. 성도들이 생각하는 것처럼 책을 많이 읽은 목사가 결코 아니라는 생각에 괴로웠거든요. 어떤 성도는 존경하는 마음(?)으로 이렇게 말한답니다.

"목사님, 책이 무척 많네요. 책이 이렇게 많은 것을 보니 목사님은 공부를 많이 하시는가 봐요. 목사님들은 책을 많이 읽으신다고 하더라구요." 거기까지만 하면 되는데 정말 대답하기 곤란한 질문을 한답니다. "목사님, 이 많은 책들을 다 읽으셨어요?" 미칠 것 같은 질문입니다. 뭐라고 대답해야 좋을지 모르기 때문입니다.

솔직하게 대답하자니 창피하고, 읽었다고 하자니 목사라는 놈이 별거 아닌 일로 거짓말한다는 양심의 가책 때문에 괴로운 겁니다. 또한 책을 많이 읽은 괜찮은 목사로 생각하고 있는 성도를 실망시키고 싶지 않다는 생각도 들기 때문입니다. 사실 그렇게 생각해 주기를 은근히 바라는 마음도 있구요, 그래서 엉거주춤 대답하곤 했답니다. 필요한 건 읽고 읽지 않은 책들도 있다고. 성도는 그렇게 말하는 목사를 겸손하다고 여겨 안 읽은 책도 있다는 말을 대부분은 읽었고 몇 권은 읽지 않았을 거라고 생각하고 점수를 후하게 주었겠지요. 그런 면으로는 성도들에게 무척이나 고맙답니다.

목사님들의 사례비 항목을 보면 반드시 도서비가 있습니다. 아주 중요한 항목입니다. 어느 교회나 꼭 있습니다. (제 개인적 경험으로는 이 도서비 항목이 없는 교회는 본 적이 없습니다.) 교회에서 그런 돈을 책정한 것은 책을 많이 읽고 목회와 설교를 잘 하라는 뜻인 줄 압니다. 교회도 목사는 책을 많이 읽어야 하고, 책을 많이 읽는 사람으로 인정해 주기 때문에 세운 항목이겠죠. 참으로 고마운 항목이랍니다. 저도 받고 있는데 이 항목의 돈이 얼마나 부담스러운지 모릅니다. 왜냐하면 교회에서 정해 놓은 도서비 만큼 책을 사 본 적이 한 번도 없기 때문입니다. 적어도 제게는 말입니다. (혹 이 고백을 읽으시면서 다른 목사님도 그렇다고 생각하시면 오해입니다. 이 글은 제 경우에만 해당하는 겁니다.)

양심에 거리낌이 있어서 교회에서 주는 도서비 항목의 액수만큼 책을 사려고 살만한 책들을 찾아본 적도 여러 번 있었습니다만, 저는 교회에서 주는 도서비 만큼의 책을 산 적이 없답니다. 아니 사고 싶지 않아서가 아니라 사고 싶은 책을 고를 수 없었기 때문이랍니다. 얼마나 많은 도서비를 주었기에 그러냐구요? 얼마 되지는 않는답니다. 서점에서 책을 사긴 합니다만 사실 오래 전부터 한 달에 두 권 정도 사는 게 저의 현실입니다.

서점은 몇 번씩 가지만 꼭 사고 싶은 책을 찾는 것도 어렵고, 게으른 건지 어렵게 골라 아까운 돈 주고 산 책이라 하더라도 제대로 읽는 것도 쉽지 않고…

어떤 목사님이 책을 읽지 않는 목사는 게으르고 목사 자격이 없다고 질책하는데 찔렸습니다. 제가 그런 사람이거든요. 목사는 적어도 하루에 한 권의 책은 읽어야 한답니다. 나는 일 년에 두 권 정독하는 것 같지도 않은데 말입니다. 그 목사님은 책을 많이 읽으시는 분이라고 소문이 난 분입니다. 책을 많이 읽는 목사님에게 어떻게 읽느냐고 물었더니 보통 책을 10분이면 한 권 읽는답니다. 난 미칠 것 같았습니다. 저는 일주일을 읽어도 뭔 뜻인지 몰라 속이 상한 적이 한두 번이 아닌데 책 한 권을 10분만에 읽는답니다. 하기야 저도 그렇게 10분에 한 권 읽을 때가 있긴 있었습니다. 혹시 써 먹을만한 게 걸리지 않을까 해서 위 아래로 훑어가며 넘긴 거지요. 그렇게 본 책들은 허다합니다. 아마 500권은 족히 될 겁니다. 그런데 정말 내 속에 양식이 될 만하게 읽은 책은 소수에 불과하답니다.

일주일 동안만 해도 엄청난 책들이 쏟아져 나옵니다. 기독교 서적만을 봐도 그렇습니다. 목사님들의 소원 가운데 책 한 권 내는 것이 포함되어 있잖아요. 그래서 책을 내는 분들이 무척이나 많답니다. 그런데 슬픈 것은 신간 서적 코너에 올라와 보지도 못하고 보이지 않는 구석에서 폐지로 버려지길 기다리는 책들이 무수하다는 거지요. 저도 책을 썼고 또 쓰고 있지만, 제 책 역시 신간 코너에 올라가 보지도 못하고 없어지는 것이 아닌지…(슬픕니다!) 그렇게 많은 책이 출판되고 있지만 막상 사려고 하면 꼭 읽고 싶은 것을 찾기가 쉽지 않다는 겁니다.

설교하거나 성경을 가르칠 때도 반드시 책을 인용해야 하는 줄 알았던 때가 있었습니다. 긴 설교 중에 한두 번은 어떤 나라, 어떤 사상가, 철학자 혹은 정치가나 성공한 사람의 이름과 그들이 쓴 책의 제목을 말하면서 이런 말을 했다고 해야 하는 줄 알았던 겁니다. (요즘 설교할 때 한두 번은 웃겨야 괜찮은 설교자라는 소리를 듣는 것처럼 말입니다.) 어느 경우는 읽지도 못하고 읽어 본 적도 없는 주간 시사지 타임(The Time)지나 뉴스위크(Newsweek) 혹은 리더스 다이제스트 등의 날짜까지 들먹이면서 설교해야 공부 좀 한 목사라고 느낄 때가 있었던 거지요. 지금 떠올려 보니 얼마나 부질없는 생각을 하면서 살았는지 모릅니다.

왜 그렇게 책에 대한 미련을 가지고 살았나 생각해 보았습니다. 정말 무엇 때문에 나는 많은 책을 소유하고 싶었고, 독서를 많이 하는 목사로 보이고 싶었는가 정직하게 생각해 보았답니다. 대답은 어렵지도 복잡하지도 않고 아주 단순했습니다. 열등감 때문이었지요. 제 가장 밑바닥은 열등감으로 가득한 겁니다. 그래서 쌓여 있는 책들로 하여금 저를 사람들에게 공부하는 목사, 실력 있는 목사로 세뇌 시키면서 은연 중에 무시하지 말라는 메시지를 전한 겁니다. 내 속에 있는 열등감이 나를 속이면서 책과의 관계를 이상하게 만들었답니다.

또 하나는 (하나님께 무척이나 죄송합니다만) 내 속 깊은 곳에서 성경을 우습게 여기고 있었다는 고백입니다. 성경이 하나님의 말씀이라고 말하면서도 정작 설교하는 나는 성경을 우습게 여겼던 거지요. 성경 가운데 구원의 도리, 삶의 지혜와 지침이 완벽하게 있다고 외치면서도, 성경은 성령의 감동으로 쓰여진 책이기에 심장과 폐부를 찔러 쪼개는 능력이 있다고 말하면서도 나는 성경보다 더 영향력 있을 것 같은 유명한 사람이 쓴 책을 뒤지고 있었던 겁니다. 성경을 역사와 인생에 있어서 가장 훌륭한 책, 능력 있는 책이라고 하면서도 내 속 사람은 믿지 않았던 겁니다. 그래서 유명한 사람을 찾았고 그 유명한 사람의 책을 뒤졌고 알지도 못하는 사람의 멋진 글을 강단에서 인용하는 걸 자랑스럽게 생각했던 겁니다. 성경이 답이라고 말은 했지만 정작 나는 삶의 답을 엉뚱한 책에서 찾고 있었던 겁니다. 내가 하는 일 목회에 관한 것도 유명한(?) 사람이 쓴 책에 있는 줄 알고 책을 의지했던 거지요. 한 마디로 성경을 무시했던 겁니다.

책으로부터 많은 걸 배우기 때문에 독서는 귀한 일입니다. 그러나 책이 전부가 아닙니다. 책은 진리도 아닙니다. 책과의 관계 속에서 초라한 나의 모습을 본 후에 책을 많이 읽은 목사가 괜찮은 목사라는 이상한 관계(?)가 이제 깨졌답니다. 다독(多讀)이 바람직하지만 필수는 아니라는 걸 배웠답니다. 또한 그것으로 목사의 수준이 평가될 거라는 생각은 정말 크게 잘못된 것임을 깨달았습니다. 목사는 반드시 책과 가까운 사람이라는 인식을 지워버리려고 합니다. 난 정말 책을 읽지 않는 사람이거든요. 아니 읽어도 저자가 하는 말을 잘 모를 때가 많습니다. 다시 말하면 책을 읽지 않는 게 아니라 읽을 줄 모르는 사람이라는 걸 발견한 겁니다.

저는 파스칼을 모릅니다. 그가 쓴 「팡세」(번역본)라는 너무 두꺼워서 읽기도 전에 질려 서문을 읽다가 무슨 말인지 몰라 내팽개쳤답니다. 톨스토이의 작품은 기독교를 이해하는 데 절대적으로 필요한 문학이고 철학이라고 하더라구요. 그래서 유명하다는 그의 「부활」이라는 작품을 읽기 시작했는데 도무지 무슨 말인지 이해하지 못해 읽기를 중단했답니다. 하이데거라는 철학자, 키엘케고르, 헤겔, 니이체 등. '니이체'라는 말이 나

왔으니 웃긴 일이 생각납니다. 니이체는 「짜라투스트라는 이렇게 말했다」라고 하는 책에서 "신은 죽었다"고 했답니다. 설교 시간에 목사님들의 설교를 통해서 종종 들은 글귀였습니다. 그래서 저도 가끔 (오래 전입니다만) 그 말을 인용하면서 유신론을 무너뜨리려는 사람들을 공격했고 또 그런 말을 한 니이체를 무척이나 나쁜 사람으로 말하곤 했었답니다. 물론 그 책을 다 읽은 수준 높은 사람처럼 말입니다.

사실은 그 책이 어떻게 생겼나 해서 서점에 들러 구경한 적 밖에는 없습니다. 정말 두껍더라구요. 그 책을 본 순간 이런 두꺼운 책을 읽은 사람이 몇이나 될까 생각했답니다. 하여간 니이체가 신이 죽었다고 하는 말을 왜 했을까 해서 물어보기도 하고 책을 뒤져 보았지만 아는 사람도 없고 책 속에서도 찾지 못했답니다. 결국은 한참 후에 누군가가 알려 주더군요. 책 속에 짜라투스트라가 누군가와 이야기하다가 신경질이 난 김에 그런 말을 내뱉은 거였다고... 그러나 전해준 사람의 말이 사실인지도 아직 확인되지 않았답니다.

리더십, 성공의 비결, 인생에 관한 것, 시집(詩集), 부부관계, 경영학, 건강에 관한 것, 소설, 철학 이야기... 별별 주제의 많은 책이 시중에 나와 있답니다. 다양하게 많이 읽어야겠다는 생각을 포기하니 마음이 왜 이리 편한지 모르겠습니다. 책 많이 읽지 않으렵니다. 물 흐르는 대로 읽게 되면 읽겠습니다만, 안 읽으면 뒤쳐진다는 말로 사람을 주눅들게 하는 말에는 신경을 곤두세우지 않기로 했습니다. 많이 읽어도 기억에 남는 게 없구요, 사실 무슨 말인지도 모른답니다. 아는 척하고 싶은 교만한 마음만 꿈틀거린답니다. 남들은 인생에 도움이 된다고 하는데 제겐 그런 것 같지도 않구요...

성경도 제대로 모르면서 책을 동서남북으로 둘러 채워둔다는 게 우습잖아요. 성경도 제대로 알지도 못하면서 이해하지도 못하는 글귀와 사람 이름을 대면서 지식인인 체 하는 게 우습잖아요. 그래서 성경이라도 제대로 보기로 결심한 겁니다. 목사가 성경을 모르니 일반 성도들은 더 모를 수 있다는 생각이 들었습니다. 그래서 한 평생 성경을 깊게 공부해 보기로 했답니다. 읽다가 정 모르겠으면 주석을 뒤져서라도 이해하려고 했습니다. 주석은 성경을 이해하는 데 큰 도움이 되었습니다. 그 과정 속에서 마침내 지식인이라는 허울 좋은 취급만을 받기 위해서가 아니라 성경의 이해를 돕기 위해 책을 보아야 목사로서 사는 인생이 행복하다는 것을 터득하게 되었습니다.

성경을 알기 위해 마음먹고 공부하니 자유로워지더라는 겁니다. 설교할 때도 성경을 이야기하니 마음이 편해지구요. 내 말은 물론 어떤 훌륭한 사람의 말도 아닌 하나님의 말씀을 전하니 위험하지도 않고 미안하지도 않은 겁니다. 누가 무식하다고 말할지는 모르겠지만 그게 속 편하고 자신감도 생겼습니다.

사실 교회 오는 사람들이 얼마나 다양한지 모릅니다. 자기 분야에서는 그런대로 지식이 있고 까딱 잘못 말했다간 어느 누구에게 무식하다는 말을 들을지도 모르잖아요. 그러나 대부분 사람들은 성경을 잘 모른답니다. 혹 알고 있더라도 자신보다는 목사님이 더 잘 알 거라고 생각하지요. 그래서 교회에서 목사로부터 성경 이야기를 듣는 것을 당연하게 생각하기에 성경을 말할 때는 누구도 시비를 걸지 못하지요.

성경을 말하는 사람으로 살고 싶습니다. 제 직업이 목사인데 목사는 성경을 말하는 사람이기 때문입니다. 다른 거 모른다고 주께서 뭐라고 안 하실 겁니다. 그런데 성경을 모르면서 목회 한다면 목사로 부르신 주님이 얼마나 한심하게 생각하실까 하는 생각이 드네요. 아니 성도들도 성경을 모르는 목사라는 걸 안다면 얼마나 비웃을까 하는 생각이 듭니다. 성경을 모르면 주님에게도 성도에게도 찬 밥 신세라는 걸 깨달았답니다.

성경만을 살아계신 하나님의 말씀으로 증거하려고 열심을 냅니다만 왜 그리 성경을 모르고 있는지요. 성경이 왜 그리 어려운지 모르겠습니다. 정말 어려운 수학 문제보다 더 어려운 게 성경이라는 걸 알아갈 뿐입니다. 그런 수준으로 목회를 하는 제 모습이 한심하고 답답할 뿐입니다. 성경 공부 열심히 하겠다고 다짐하고 노력하며 지낸 햇수도 제법 오래 된 것 같은데 책상에 앉으면 지금 막 시작한 사람처럼 모르고 있는 것이 너무 많다는 느낌뿐이니 미칠 것 같습니다. 주님이 부르실 그 날이 성큼성큼 다가오고 있는데 성경을 이렇게도 모르고 주님께 갈 거라고 생각하니 숨이 막히는 것 같습니다.

성경 안에 모든 진리가 있다고 말하는 목사가 아니라 성경 안에 진리가 있음을 인정하는 목사이고 싶습니다. 성경 안에 진리가 있음을 알고 믿고 실천하는 목사이고 싶습니다. 목회자 사이에서도 많은 책을 가지고 있다든지 책을 많이 읽은 목사가 괜찮은 목사라고 인정을 받는 것보다는, 성경을 구석구석 잘 알고 성경을 정말 사랑하며 성경의 의미를 잘 전달하는 목사가 진정 괜찮은 목사라는 평가를 받으면 좋겠습니다. 법관이 육법(六法)전서를 구석구석 잘 알고 있는 것처럼, 자동차 정비공이 자동차에 대해선 빠삭하게 잘 알고 있는 것처럼, 군인이 군사지식에는 정통한 것처럼... 목사님들은 성경 66권 어디라도 구석구석 잘 알고 있는 분들이면 정말 좋겠습니다.

오늘도 그것 때문에 몸부림쳐 봅니다. 하나님이 도와주시길 바라면서 말입니다.

그리심 신학서적 저(역)서 안내

● 쉬운 주석 (마태복음) - 시리즈 [1]
정훈택 저 / 양장 / 408면

● 주의 날 어떻게 이해할 것인가
Paul R. House · 장세훈 공저 / 반양장 / 184면

● 본문의 의미를 찾아서(21세기 구약신학과 해석)
장세훈 저 / 반양장 / 272면

● 계시록의 구속사적 연구
J.B. Jordan /이동수 역 / 반양장 / 396면

● 구약 속의 그리스도
E. 뵐 /권호덕 역 / 반양장 / 371면

● 하나님과 인간, 그리고 시간 (역사)
어얼 E. 케이른스 / 박영실 역 / 반양장 / 258면

● 하나님 나라와 윤리 (주제별 논문)
김경진 / 반양장 / 303면

● 누가신학 연구
R. 화이트 / 김경진 역 / 반양장 / 197면

● 배경으로 본 히브리서 강해
정우홍 / 양장 / 406면

● 베드로전서의 메시지(주해)
오광만 / 반양장 / 283 면

● 산상설교(기록 이유와 목적)
정훈택 / 반양장 / 176면

● 성경무오 역사적 증명
정규철 / 반양장 / 335면

● 성경에 나타난 제사법 연구
로저드 백위드 / 반양장 / 261면

● 신명기 [1](1-8장) (주해)
김영욱 / 양장 / 468 면

● 신학의 종을 어떻게 울릴 것인가 (논문)
허 주 / 양장 / 388면

by Richard J. Edlin · 기독교학문연구회 교육학분과 역

이 책은 Richard J. Edlin 박사의 *The Cause of Christian Education*(제 3판)을 우리말로 옮긴 것이다. 저자는 뉴질란드 태생으로 현재 호주에서 기독교교육연구원(National Institute for Christian Education)에서 기독교 교육 대학원 석사과정을 개설 · 운영하고 계시며, 기독교 부모 통제학교(Christian Parent Controlled Schools Ltd.) 교육 책임자로 사역하고 계신다. 그동안 선교사 자녀 학교를 포함하여 기독교 및 공립학교와 대학에서 오랫동안 가르치고 행정적인 책임을 맡은 바 있다.

이 책에는 저자의 오랜 기간동안 기독교 교육사역의 경험을 통해 얻어진 풍부한 영성과 교육철학이 짙게 배어 있다. 그는 모든 삶은 '종교적'이라고 말한다. 여기에서 물론 교육도 예외가 아니다. 다시 말하면, 기독교학교에서 가르치고 배우는 일은 즐거운 종교적 활동이다. 이 책의 제목이 말해주듯이, 왜 기독교학교이어야 하는가하는 질문으로부터 이야기를 시작한다. 이어서 교육에 있어서의 중립성 신화, 기독교학교에 있어서 성경의 위치, 그리고 통합성과 비전에 대한 소개를 통해 기독교학교의 토대를 제시하고 있다. 또한 기독교 교육이 어떻게 이루어져야하는지 책임과 관계성, 멘토링, 커리큘럼, 평가와 자료선택 방법을 친절하게 안내하고 있다. 마지막 두 장은 선교지로서의 기독교학교와 공립학교에서 가르치는 기독교 교사의 역할에 대해 할애하고 있다.

이 책은 교육을 기독교적 관점에서 해석하고 구체적인 현장에 적용하는데 관심을 가진 분들에게 도움을 줄 것으로 의심하지 않는다. 특히 기독교 학교는 물론 공립학교에서 가르치는 교사와 행정가, 교회의 교회교육 사역자, 그리고 자녀를 기독교적으로 양육하는데 관심을 가진 홈스쿨 학부모들에게도 크게 도움이 될 것이다. 기독교 교사양성이나 훈련 기관이 제대로 갖추어지지 않고, 기독교 교육자료가 빈약한 우리나라의 현실을 감안한다면, 이 책은 여러 사람들로부터 호응을 얻을 수 있으리라 확신한다.

1

라은성교수의 교회사맥(脈)잡기

上

정통과 이단

라은성 저

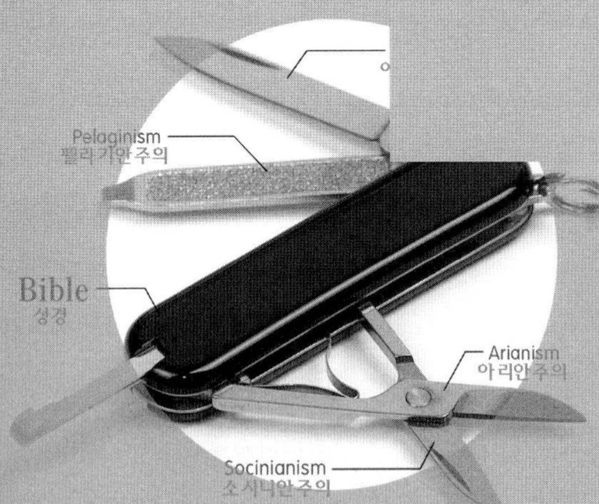

라은성 교수의 교회사 맥(脈)잡기 1 – 시리즈

'북방선교방송'(http://twrk.or.kr)에서 방송한 **CD와 함께 출판한** 「라은성 교수의 교회사 맥(脈)잡기」 시리즈 첫 번째 책인 「정통과 이단」은 한국교회에 가장 절실하게 요구되는 책입니다. 이 책은 2천년 동안의 교회사를 살펴보면서 이단들이 어떻게 일어났으며, 이에 대해 정통신앙은 어떻게 대응했는지를 살피는 역사책입니다. 방대한 사건들로 흥미롭게 꾸며진 이 책에는 몇 가지 다음과 같은 특징을 지니고 있습니다.

- 누구든지 쉽게 이해할 수 있는 구어체로. 되어 있습니다.
- 역사적이고 교리적 배경을 통해 이단들에 대해 배울 수 있습니다.
- 사진들과 함께 구성되어 있습니다.
- 역사적 통찰력 및 기독교 역사의식을 가질 수 있습니다.
- CD를 통해 라은성 교수의 육성 강의도 함께 즐길 수 있습니다.
- 교회에서 교회사 공부 교재로 사용할 수 있습니다.
- 한국교회가 직면한 여러 문제들에 대한 대안을 찾을 수 있습니다.
- 최초로 교회사를 공부할 수 있는 '문제집'이 있습니다.

"교회사란 이런 것이구나!" 하고 감탄할 수 있는 작품입니다.